커피상자

초판1쇄 발행 2016년 4월 5일

지은이 최혁기
펴낸이 이호연
펴낸곳 새로운길
출판등록 제 2016-000025 호

디자인 김도윤
편집 고윤환
교정 이권훈
마케팅 이한용

주소 고양시 일산서구 탄현동 일현로 70 104동 1303호
전화 031-916-5997
팩스 0505-333-3031
이메일 dodun7@naver.com
홈페이지 newroad.modoo.at

ISBN 979-11-957406-0-4 03230

카페교회의 새로운 패러다임 - 카페교회 2.0

커피상자

최혁기 지음

카페를 빌려 예배를 드리던 개척교회가 3년 만에 7개의 공동체
카페 1,2호점과 출판사, 디자인 사업체를 운영하여
새로운 비전과 대안을 제시하는 건강한 카페교회로 세워진 이야기

새로운 길

프롤로그

요즘 사회적으로 기독교에 대한 인식은 정치만큼이나 바닥으로 추락했다. 청년들의 실업률과 비슷하게 신학생들의 목회 길도 만만치 않은 시절이 되었다. 그리고 개척을 했던 목회자들도 불황기에 접어든 상황으로 인해 교회를 유지해 나가기도 쉽지 않은 시대가 되어 버렸다. 어느새 모두 염려하던 그런 시대가 우리 앞에 다가와 버렸다. 어쩌면 이건 시작에 불과한지도 모른다. 이미 수많은 교회에 교회학교와 젊은이들이 사라져 버린 지 오래되었다. 그 이야기는 교회의 대를 이어갈 다음 세대가 단절되었다는 의미이다. 특별한 대안도 없이 담담하게 그 한복판에서 뻔한 결과를 숙명인 것처럼 받아들일 수밖에 없는 때가 곧 온다는 이야기다.

교회 개척에서 여러 가지 방법이 있다는 것을 모른 채 전통적인 방법만을 고수하며 그것이 운명이고 신앙이며 자존심인 것처럼 고집스럽게 머물러 있는 수많은 목회자가 있다. 하지만 그런 와중에도 여러 가지 방법을 접목하고 새로운 방향으로 이끌어 가는 목회자들도 있다. 사회적으로도 위기를 기회 삼아 사업의 반전을 꾀하며 훌륭하게 어려운 시절을 버티고 도약의 기회로 삼는 사업가들이 있다. 그렇다면 목회에서도 가능하지 않을까? 목회자의 자존심만 내세우는 시대는 이제 끝났다고 본다. 그렇게 대접받는 세대는 지나가 버렸다. 이젠 무언가 특별한 방법을 찾아서 최선을 다해 섬기며 목회해야 할 때가 왔다.

  카페교회를 대안처럼 시작했다고 해서 문제가 없는 것은 아니다. 우리 교회도 수많은 사연이 있다. 수많은 위기가 찾아왔고 그때마다 여러 날을 고민하고 기도하며 대안을 찾기 위해 노력해왔다. 물론, 지금도 그렇게 찾아가며 목회하고 있다. 그냥 포기하거나 주저앉기 보다는 최선을 다해 방법을 찾아보는 쪽으로 움직였다. 세상 다 산 것 마냥 풀 죽어 지내거나 소망이 없어 눈빛을 잃거나 삶의 고됨과 밀려오는 후회로 남은 인생을 보내는 것은 목회자나 리더가 할 일이 아니다. 도리어 눈에 불을 켜고 새벽을 깨우며 간절함과 갈급함으로 기도하며 공동체를 비전 가운데 인도해야 하지 않을까? 홍해 앞에 서서 밤새 기도하던 모세처럼, 여리고성 앞에서 자신 있게 백성을 이끌어 땅을 밟게 만드는 여호수아처럼 그런 리더가 되어야 하지 않을까?

  때로는 아무도 가보지 않은 길을 가느라 애를 먹을 때도 있었고 수많은 오해와 답답함으로 힘들 때도 있었다. 그리고 항상 재정은 쉽지 않았고 내 기대처럼 진행되는 일보다는 그렇지 않은 일이 많았다. 하지만 그럴 때마다 좀 멀리 보기로 했다.

그럴 때마다 지금 내가 겪는 우여곡절들은 작은 일들에 불과하고 교회의 비전과 방향성을 흔들기에는 부족해 보였다. 멀리 내다보면 교회가 어디로 가야하고 어떻게 결정해야 하며 훗날 얼마나 기뻐할지가 보였다. 혼자 지쳐서 주저앉기 보다는 좀 더 공격적으로 전략을 세워야 했다. 그리고 늘 기도하지 않을 수가 없었다.

내가 제어 할 수 없는 부분은 주님께 맡길 수밖에 없었기 때문이다. 주님께 맡길수록 새로운 길을 보여주셨다. 돕는 사람들도 보내주셨다. 상황들은 처음보다 점점 나아지고 이제는 주님께서 인도하고 계신다. 카페교회를 이끌어오며 하나님의 은혜와 인도하심을 많이 느꼈다.

세상 사람들은 힘든 일을 하면서도 거기에 의미를 부여하고 가슴 뛰는 삶을 살아가고 있다고 고백한다.

그렇다면 우리는 어떤가? 십자가를 지고 눈물로 목회를 하는 게 맞을지도 모른다. 하지만 그렇다고 해서 우리 마음마저 우울하고 패배의식 속에 낙심과 분노로 목회해서야 되겠는가? 우리의 목회는 소망과 비전으로 가슴 뛰어야 하지 않을까? 지금은 힘들고 어렵더라도 멀리 바라보며 기대 때문에 잠을 설레는 목회가 된다면 얼마나 좋을까? 걱정과 염려만으로 24시간이 부족하다면 그건 뭔가 잘못된 것 같다. 수년째 똑같이 힘든 목회의 현실이라면 뭔가 변화가 필요하지 않을까? 그것을 꼭 누가 말해줘야 깨닫겠는가?

고정관념과 고집을 좀 깨뜨리고 배우려는 자세가 필요하다. 정상에서라도 지혜를 얻어서 우리의 목회에 활용할 수 있다면 얼마나 좋을까? 꼭 카페교회만 있는 건 아니다. 여러 가지 자신의 주특기에 따라 복합적인 형태의 새로운 목회를 언제든 시작해 볼 수 있을 것이다. 오늘도 우리 교회를 찾아와 카페교회 이야기를 듣고 소망이 생겨 기쁨 가운데 돌아간 목회자들이 있다. 그게 다른 사람들 이야기에만 등장한다면 결과적으로 나에게는 무슨 의미가 있을까? 이 책이 여러분에게 작게나마 도움이 되기를 바란다. 새로운 소망을 꿈꾸게 된다면 더욱 좋겠다.

물론 목회가 어떤 형태로든 쉬울 수는 없다. 그러나 적어도 우리는 사명감을 가지고 거룩한 부르심 가운데 순종하며 목회자의 길을 걷기로 했던 거 아니었나? 그렇다면 믿음으로 도전해봐도 무방할 거 같다. 우린 본전을 남길 필요가 없다. 복음을 전할 수 있다면, 영혼을 살릴 기회를 잡을 수 있다면, 그들에게 말씀을 심을 수 있다면, 세상의 빛이 될 수 있다면 그거면 우린 충분하다. 우린 세상의 평가 보다는 주님의 평가를 더 우선시하며 바랄 수 없는 것을 바라는 믿음의 리더들이 아닌가.

"Why not change the world"

내가 좋아하는 영어문장 하나를 소개하며 프롤로그를 마칠까 한다. 여러분에게도 영감을 주는 문장이 되면 좋겠다. 왜 우리는 항상 안될 거라고 부정적인 시각으로만 바라보는지 정말 궁금하다. 큰마음 먹고 한번 도전해 봤으면 좋겠다. 얼마든지 기도하며 말이다. 새롭게 목회를 시작하려는 분들에게 얼마든지 상담과 도움을 드리도록 하겠다. 새로운 시대에 함께 새로운 방법으로 복음을 전한다면 정말 좋겠다. 주님께서 도와주시기를 기도하며…

2016년 3월 30일 커피상자에서…

C·O·N·T·E·N·T·S

에필로그

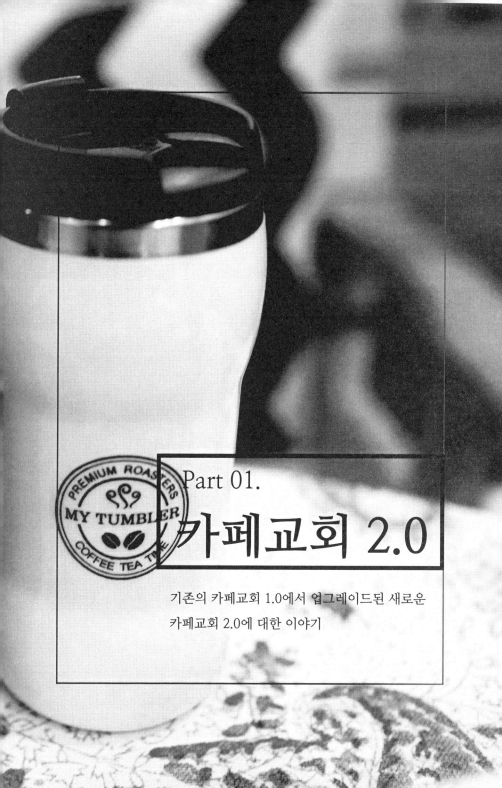

Part 01.

카페교회 2.0

기존의 카페교회 1.0에서 업그레이드된 새로운
카페교회 2.0에 대한 이야기

01
·
·
·

카페 1호점을 시작하다

2015년 10월까지도 우리는 이대 근처 카페를 빌려서 예배드리는 공동체였다. 지역별 공동체들은 정해진 시간과 장소에서 예배를 드리고 있었고 카페교회라는 이름으로 시작했지만 정작 카페는 소유하거나 운영하지 못한 채 무늬만 카페교회로 유지하는 상황이었다. 카페를 인수할 수 있는 몇 번의 기회가 찾아왔었고 그때마다 항상 재정이 문제였다. 우리가 가지고 있는 재정은 늘 부족했고 아직 카페를 인수하기에는 턱없이 부족한 상황이었다.

예배만 드리는 공동체로 카페를 대관하여 드리는 형태까지는 너무 좋았다. 건물을 관리할 필요는 없었고 전적으로 멤버십을 만들어가는 시기였다. 교인들과의 관계성은 예배와 나눔을 통해 충분히 진행될 수 있었고 나아가 여러 행사와 SNS를 통해서 가능했다.

우리는 계속 기도하며 비전을 꿈꾸고 나누었다. 카페를 인수하여 운영하며 진행하는 꿈과 캠퍼스에 선교하러 들어가는 꿈을 입이 마르고 닳도록 나누었다. 말만 들어서는 대단한 규모의 공동체처럼 보일 정도였다. 하지만 정작 각 모임에서 카페를 인수한다는 것은 꿈만 같았다. 그리고 그날은 영영 안 올 것처럼 느껴질 때도 있었다. 그래도 함께 비전을 위해 기도하면 마음이 편안하고 후련했다.

"그래. 아무리 불가능해 보여도 하나님께서 인도해 주실 거야." 그러던 어느 날 카페팀장과 우리가 대관해 쓰던 카페 인수 문제로 이야기를 나누게 되었다. 그동안 우린 신촌에 있는 이 카페가 캠퍼스 선교에 전초기지라고 믿고 있었고 꼭 그 카페만을 인수해야 한다는 무언의 철칙을 갖고 있던 때였다.

하지만 우리가 인수하려고 하면 할수록 상황은 호락호락하지 않았다. 건물주가 부도가 나서 다른 건물주에게 넘어가기도 하고 그사이 카페의 주인이 바뀌기도 하고 인수금도 계속해서 올라가며 차이를 보였다. 아무리 우리가 조율하고 노력해도 상황은 우리에게 넘어오지 않는 날의 연속이었다. 거길 인수하기 위해 우리가 준비한 재정은 계속된 막판 협상 때문에 애매한 상황에 놓이게 되었다. 게다가 인수팀이 심적인 스트레스를 받기도 하고 여러 가지 변수 앞에 우린 속수무책이었다.

그런데 카페팀장을 맡은 자매가 이런 이야기를 했다. "목사님, 꼭 그 카페여야만 하나요? 우리 재정이면 다른 곳에 있는 카페들은 바로 인수할 수 있습니다." 그 말을 듣는데 머릿속에서 팽하고 종소리가 들렸다. 그동안 3년 가까이 이 카페에만 집중하다 보니 생각이 굳어져

버린 것이다. 하긴 그동안 그 카페와 신촌 땅을 놓고 얼마나 기도했던가? 그러니 더더욱 생각이 고정될 수밖에 없었던 거 같다. 본질에서 우리가 카페교회를 하려고 하는 목적이 어디에 있는지 다시 생각해 보게 되었다. 불신자들이 쉽게 찾아오는 장소로서, 그리고 캠퍼스와 가까워서 선교할 수 있도록, 카페교회를 통해 새로운 대안이 되도록…. 그렇다면 굳이 지금 이 카페여야만 하는가? 라는 데까지 생각이 미치자 새로운 해결책을 찾게 되었다.

다른 지역에 있는 카페라도 우리가 인수할 수 있고 캠퍼스와 가깝다면 괜찮다고 카페팀장에게 말해주었다. 그리고 그날 밤이 되기 전에 우린 적절한 카페를 인터넷에서 찾아냈다.

카페주인은 카페 이름이나 주소는 비공개로 해두고 카페를 권리금과 함께 인수할 사람을 찾고 있었다. 우린 그 날 인터넷 검색 신공을 발휘하여 그 카페의 주소와 사진들, 그동안의 역사와 소비자 평가까지도 다 찾아내었다. 그리고 그날 밤 나는 그 카페 앞에 차를 주차하고 안에 들어가서 카페 주인을 만났다.

정말 말도 안 되는 일이 일어났다. 그 주인은 딱 봐도 착해 보였다. 그리고 권리금도 알아서 할인해 주었고 상황들도 다 설명해 주었다. 그 뒤로 일주일 동안 카페팀장과 내가 방문하며 인수작업에 들어갔다. 갑작스럽게 진행되는 것처럼 보였지만 그동안 많은 준비를 하고 기다렸던 터라 일사천리로 잘 해결해 나가는 것처럼 보였다. 하지만 집주인과 계약을 하다 보니 할아버지와 할머니가 집주인이었는데 할아버지

연세가 너무 많았다. 잘 안 들리시는 분에게 큰소리로 설명해가며 겨우 계약을 할 수 있었다. 우리 교인들은 모두가 아멘 삼창을 부를 정도로 기뻐했고 기대했다. 교회의 놀라운 일들은 우리들의 신앙에도 영향을 주었다.

카페 잔금을 치르고 카페에 들어가는 날은 금요일 오후였다. 준비된 대로 무난하게 잘 진행되었고 토요일에는 전 교인이 카페로 모여서 대청소 및 페인트칠과 여러 가지 수리 등을 함께 진행했다.

이미 아웃리치로 훈련된 팀이기에 일사불란하게 잘 움직여 그날 하루에 대부분을 정리할 수 있었다. 그리고 주일에 함께 모여 예배를 드렸다. 정말 기적적인 장소에 서 있게 된 것이다. 설마 했던 일이 드디어 이루어진 날이니 그날의 예배는 감격일 수밖에 없었다. 우리가 고집하던 것을 포기했더니 하나님께서 더 좋은 곳을 주신 것이다.

월요일부터는 오픈준비를 하기 시작했다. 실내장식과 테이블 의자 위치, 인수했던 커피 장비들을 숙달되도록 레시피대로 연습했다. 사실 우리 교회 교인들은 이미 오래전부터 바리스타 자격증을 따거나 다른 카페에서 아르바이트를 해본 경험들이 있었다. 카페교회라고 운영하는 카페는 하나도 없었지만 믿음으로 미리 준비했었다. 그리고 정말 그 달란트를 사용할 날이 거짓말처럼 갑자기 찾아왔다. 인터넷과 포스를 설치하고 원두업체와 여러 가지 재료들을 구매하여 메뉴판을 만들고 영업할 수 있도록 준비했다.

혼자 카페를 인수하고 오픈을 준비한다면 생각보다 시간이 오래 걸린다. 하지만 우린 공동체이며 각자 가진 달란트를 잘 활용한다면 카페의 오픈준비는 생각보다 많이 단축할 수 있는 것이다. 결국, 일주일 만에 카페를 오픈 할 수 있었다. 처음 카페를 운영하는 것치고는 아주 단기간 안에 준비하여 시작하는 것이었다. 카페를 위해서 함께 기도하며 돕는 교인들이 많았다. 직장 퇴근 후 밤에 찾아와서 돕는 형제들도 있었고 쉬는 날 찾아와 온종일 함께 하는 자매도 있었다. 무엇보다 카페팀장이 정말 고생을 많이 했다. 1시간이나 떨어진 집에서 전철을 타고 출근하여 온종일 카페를 정돈하고 준비한다는 것은 쉬운 일이 아니었다.

하지만 하나님의 은혜로 모든 것이 자연스럽게 준비되었고 시간이 지날수록 더욱더 다듬어져 갔다. 예상외로 단골들도 생기고 커피 맛이 좋다고 소문도 나고 그렇게 겨울이 찾아오고 있었다. 사실 카페는 여름이 성수기이고 겨울이 비수기이다. 그래서 보통은 겨울이 시작되기 전에 카페 매물이 쏟아진다.

카페를 인수하는 쪽에서는 처음부터 비수기인 겨울을 지나야 할 준비를 생각하고 인수해야 한다. 그렇지 않으면 몇 달 못 가서 포기해야 할 수도 있다. 다행히 우리는 개인이 카페를 하는 게 아니고 든든한 공동체가 훌륭히 고객 역할을 해주고 있었다. 여러 가지로 도와주기도 하고 커피를 팔아주기도 하며 손님들을 더 데리고 오기도 했으니 말이다.

카페 1호점은 새로운 교회의 이름을 따서 새로운 카페 1호점으로 간판을 준비하고 공식적인 카페 이름은 몽루라고 지었다. "꿈꾸는 언덕"

우리의 꿈이 현실로 되어버렸으니 말이다.

카페 몽루가 위치한 곳은 공덕역과 숙대입구역 사이, 효창공원 후문 쪽이다. 약간 언덕이라 찾아가기가 쉽지 않지만, 마을 분들의 아지트가 되거나 효창공원 나들이객들과 숙대생들이 주 고객층이라고 분석했다. 그리고 캠퍼스 선교팀에서는 숙대를 선교 대상학교로 정했다. 나름 카페 1호점을 통해서 우린 많은 것을 실험하고 배울 수 있었다. 카페 포화상태라고 불리는 시점에 우린 그 현장 속에서 경험해 볼 기회를 갖게 된 것이다.

사실 우리나라에서 치킨집도 편의점도 교회도 모두 포화상태이다. 그렇지만 포화상태라고 포기하지 않고 새로운 스타일을 가지고 접근하는 용기도 필요하다. "힘들다", "어렵다", "쉽지 않다"라는 말들은 그동안 익숙하게 들어왔던 말들이다. 하지만 우리에게 필요한 말은 그런 말들이 아니다. 가나안 땅을 정탐했던 10명의 리더도 비슷한 말을 했다. "우리가 상대할 땅이 아니다. 거인들이 살고 있다. 쉽지 않은 땅이다. 어렵다. 힘들다…"그렇다. 어디서 많이 들었던 이야기였다.

요즘에도 세상에서 교회에서 사람들에게 쉽게 들을 수 있는 말이다. 그러면 그들의 말이 맞느냐 하면 그건 아니다. 뚜껑을 열어보지도 않고 판단은 금물이기 때문이다. 여호수아와 갈렙은 반대의 말을 했다. "쉽다, 해볼 만하다. 우리 땅이다. 주님이 함께하신다" 사실 우리는 이런 종류의 말을 해야 하지 않을까 싶다. 하나님께서 듣기에도 좋은 믿음의 말이 더욱 필요한 시대이다. 크리스천이라면 특히나 리더라면 필연적으로 사용해야 할 말이다.

우린 교회와 카페가 포화상태라고 하는 우리나라 현실속에서 역으로 그 둘을 융합하여 멀티 카페교회를 운영하고 있다. 카페가 안되고 교회가 안 된다는 그들의 말을 흘려버리고 주님 믿고 나아간다. 단순히 사업하기 위해서가 아니다. 복음을 전하기 위해, 젊은 세대와 소통하기 위해, 교회의 본질적인 부분을 회복하기 위해 이렇게 하는 것이다. 그러니 이젠 하나님께서 인도하실 것이다. 그분의 뜻에 합당하다면 알아서 길을 열어주실 것이라 믿는다.

다행히 그 힘든 비수기 겨울이 지나고 서서히 봄이 오고 있다. 우린 그 시기를 잘 버텨내었고 도리어 단골도 많이 만들고 좋은 소문까지 나게 되었다. 이제 카페는 어떻게 될까? 단순한 카페가 아니라 교회이기 때문에 하나님께서 어떻게 인도해 주실지 무척 기대된다.

카페교회를 하려면 처음부터 카페를 인수하기보다는 공동체를 만드는 것을 먼저 하면 좋을 거 같다. 카페에 세미나실 같은 장소를 빌리면 충분히 음료를 마시고 예배를 드리며 나눔을 할 수 있다.

그런 시간을 통해 멤버십을 만들고 그 공동체가 카페를 인수할 수 있을 때까지 그 상태를 유지하는 게 필요하다. 교회는 건물이 아니고 사람이다. 건물부터 세우고 하기보다는 사람을 먼저 세우는 게 중요하다.

바로 지금을 바라보기보단 몇 년 후를 바라보며 나아가야 한다.

이것도 아주 중요하다. 작은 일에 휘말리거나 감정 소모하지 말고 큰 것을 생각해야 한다. 카페에서 드리는 특화된 예배형태도 필요하다. 목회자의 스타일에 맞게 잘 기획하면 좋겠다.

02

·
·
·

카페 2호점까지 달리다

☕

　카페 1호점 몽루를 오픈하고 운영하며 여러 가지 경험들을 쌓던 중에 이번엔 일산에 카페교회를 하시던 목사님이 교회를 이전하게 되었다는 이야기를 듣게 되었다. 그분도 그 자리에서 4년 정도 목회를 하셨는데 부흥해서 근처 더 좋은 곳으로 이전하게 되셨다는 것이다. 그래서 그분을 만나러 갔다. 예전에 알고 지냈던 목사님이셔서 쉽게 찾아뵈었고 여전히 온화한 미소로 맞이해 주셨다. 그리고 그 자리에서 우리 교회가 그 카페교회를 인수하기로 말씀드렸다. 다행히 목사님이 웃으며 허락해 주셨고 우린 너무나 저렴하게 시설비만 내고 카페를 인수할 수 있었다. 2015년 12월 중에 일어난 일이다. 교회는 연말 행사와 여러 가지로 바쁜 일정을 소화하고 있었지만 카페 팀에서 새로운 카페 2호점을 세우는 문제는 중요해 보였다.

　카페 1호점을 오픈한 지 두 달도 안된 시점이어서 우리 교인들 모두 격앙되었다. 그리고 기적적으로 카페 2호점을 인수할 수 있도록 강력하게 인도하시는 하나님 때문에 너무 감사하고 감격했다. 우린 일산에 있었던 지하교회를 여기로 함께 이전하기로 했다. 그 모든 일은 연말을 앞두고 착착 처리되고 있었고 2016년 1월 3일에 이전감사예배를 드릴 수 있었다. 많은 분이 찾아와 축하해 주시고 함께 응원해 주셨다. '1호점을 연 지 얼마나 되었다고 벌써 2호점이라니...' 라며 우린 모두 기뻐하며 감사할 수 밖에 없었다.

이전감사예배를 드린 후 3일 후에 우리가 잔금을 치르고 인수하게 되었다. 이전하는 교회가 이사가야 할 상가 자리가 1주일 계약이 밀리는 바람에 어쩔 수 없이 이전감사예배를 먼저 드린 후 그 교회가 짐을 빼게 되었다. 우리가 카페를 인수하게 된 날부터 교회의 모든 팀이 이곳에 집중하였다. 인터넷을 설치하고 포스와 커피머신이 설치되고 테이블과 의자까지 공수해오고 하루 이틀 만에 텅 비었던 카페가 제법 모양새를 갖추게 되었다. 그리고 3일째 되는 날 카페는 영업을 시작할 수 있었다. 행정적인 절차도 일사천리로 진행하고 청소도 대대적으로 끝냈다.

첫 주일이 되어 일산 모임 식구들이 모여 함께 예배를 드리게 되었다. 불과 6개월 전 여름에 일산 모임 멤버들이 지하교회에서 지상교회로 가면 좋겠다는 말을 한 적이 있었다. 그런데 어느 날 갑자기 이렇게 되어 버렸고 실제 1층 그것도 카페에서 예배를 드리게 되었으니 그날의 감동은 정말 대단했다. 3년 전만 해도 우리가 카페를 2개씩이나 이렇게 갑자기 운영하게 될 거라고는 생각하지 못했다. 그런데 우리의 고집을 꺾고 주님께서 인도하시는 길로 갔더니 너무나 쉽게 길을 열어주셨다. 우리의 인생에서도 그렇다. 때로는 너무 내 고집을 부릴 때가 있다.

주님께서 그게 아니라고 수없이 말씀하셔도 내 고집을 꺾지 않는다. 조금 더 지혜로운 우리가 되었으면 좋겠는데….

카페를 오픈하고 예상외로 손님들이 많이 찾아왔다. 커피와 관련된 여러 업자들도 만나서 조율해야 했다. 카페 홍보도 해야 했고 카페 안에서 여러 가지 전략들도 기획해야 했다. 카페에서는 매니저와 카페운영을 도와줄 사람들이 필요했다. 때마침 풀타임 간사를 세웠는데 한 달 동안 카페 1호점에서 배우면서 도와준 후 이젠 2호점에서 매니저 역할을 할 수 있도록 했다. 카페 2호점은 커피 상자라고 이름을 정했다. 모세의 어머니가 모세를 더는 기를 수 없어서 갈대 상자에 담아 나일 강에 띄워 보내는 말씀을 생각하며 우리도 커피 상자라고 지었다. 세상이라는 강물에 커피 상자를 띄워 보냈으니 이제 하나님께서 인도하시어 사용해 주시길 원하는 마음이 컸다.

"하나님 우린 여기까지입니다. 할 수 있는 최선을 다했습니다. 이 다음은 하나님께서 인도해 주셨으면 합니다. 카페가 포화상태이며 쉽지 않은 현실 속에서도 주님이라면 기적을 만드실 줄 믿습니다. 우리 카페를 사용하셔서 주님 일 하는 데 도움이 되도록 인도해 주세요."

이렇게 교인들과 함께 기도하며 시작했다. 우리에겐 나름 절박한 상황이었다. 커피 상자는 교인들이 자주 찾아오며 함께 이야기를 나누는 아지트가 되기 시작했다. 수제 책장 2개를 헌신한 성도님도 계시고 간판을 헌신한 성도님도 계시며 와서 자원봉사로 섬겨주신 분들도 많다. 이게 공동체의 힘이다. 주일 오전에 함께 모여서 예배 드릴 때

어린이들은 세미나실에서 진행하고 어른들은 카페 안에서 예배드린다.

우리의 예배는 단순하다. 카페 안에서 예배드려야 하므로 더욱 그럴 수밖에 없다. 주보도 없다. 비전을 제시하고 최근의 상황들을 광고하며 시작기도를 드린다. 그리고 기타를 들고 찬양을 함께 부르는데 난 개인적으로 이시간이 은혜가 된다. 함께 공동체가 찬양한다는 것은 참 은혜로운 시간인 거 같다. 한 곡이나 두 곡 정도 부른 후 바로 말씀을 보고 설교를 한다. 설교 원고 없이 성경을 강해하며 설교한다. 성도들의 눈을 바라보며 성경에 나와 있는 이야기만 하므로 쉽고 간단하다. 성경 속의 상황을 잘 설명한 후 우리 현실에 적용한다. 그리고 함께 결단의 시간을 갖고 기도한 후에 마무리 기도와 축도로 마친다.

우리 교회는 헌금시간이 따로 없다. 헌금 바구니도 없다. 모두 온라인헌금으로 드린다. 누구 눈치 볼 필요도 없이 담담히 신앙생활 할 수 있어서 좋다. 예배 후에는 나눔을 한다. 각자 한 주간 있었던 일들과 기도제목을 나누고 다 마친 후 마무리 기도로 끝낸다. 그리고 식사를 하게 된다.

식사 후에도 차 한잔하며 못다 한 이야기를 나눈다. 참 평안한 시간이다. 말씀의 은혜를 묵상하기도 하고 신나게 수다를 떨기도 한다. 교회의 비전을 공유하며 기뻐하기도 하고 앞으로의 사역에 기대하기도 한다. 따뜻한 날에는 야외 테라스에서 식사하거나 차를 마시기도 한다. 개인적으로 이시간도 참 좋다. 이 맛에 카페교회를 하나보다. 성도들의 이야기를 다 들을 수 있다는 것은 큰 축복이다. 그들의 마음을 이해하고 간절한 마음을 위해서 기도해 줄 수 있으니 이만한 프로그램이 없다. 우리의 예배는 끝나는 시간이 자유롭다. 얼마든지 커피를 다시 채우며 이야기를 나눌 수 있다. 아이들은 밖에서 뛰어놀고 햇살과 바람은 딱 좋다. 들려오는 음악 소리는 커피 향을 더욱 부드럽게 만든다. 위로와 평안, 새 힘을 얻고 돌아갈 수 있다면 좋겠다.

우리 카페들은 지금도 계속해서 변신 중이다. 시절을 쫓아 메뉴와 인테리어가 변한다. 단골들도 생기고 이곳에서 예배를 드리고 있다는 것도 알림판을 통해 광고하고 있다. 카페로만 머무르지 않고 여러 모임의 장소로 그리고 다양한 방법으로 운영을 해나가고 있다. 세상의 카페가 그러하듯 살아남기 위해 치열하게 노력하며 분주하게 뛰고 있다. 카페를 운영해보면 뜻밖에 할 일이 많다. 솔직히 개인 카페들은 약간의 컨설팅이 필요한 것 같다. 카페 운영의 노하우나 레시피, 관리에 대해서도 귀 기울일 필요가 있다. 교회도 카페도 게으른 사람에게는 기회가 주어지지 않는다. 운영하기도 쉽지 않을 것이다. 하지만 반대로 비전을 꿈꾸며 최선을 다하는 사람에게는 기가 막힌 기회의 장이 된다.

카페 2호점을 하면서 대형 로스팅 업체와 연결되기도 하고 여러 납품업자와도 친해지게 되었고 더 세세하게 카페 운영의 노하우를 경험하게 되었다. 교회도 그렇지만 카페도 경험이 필요하다. 그것을 바탕으로 그다음 단계로 성숙할 수 있으므로 값진 경험이 중요하다. 우리 교회에 풀타임 사역자들이 주로 일산에 살고 있다. 나도 그렇기 때문에 주로 커피 상자에서 업무를 보거나 미팅을 할 때가 많다. 그래서 카페에 더욱 신경 쓰게 되기 때문에 나날이 좋아지고 있다. 만일 카페나

교회를 시작하려고 한다면 가능한 한 집에서 가까운 쪽으로 진행하는 게 좋다. 그리고 가능한 한 번이라도 더 가서 보는 게 좋다. 자리에 앉아서 카페를 위해 기도라도 할 수 있다면 얼마나 기쁜 일인가?

사업자 번호를 내는 행정적인 부분과 위생교육이나 바리스타 경험 등이 카페를 오픈할 때 중요하다. 카페교회를 준비하며 카페 쪽과 교회 쪽에 어느 정도의 경험과 시야가 필요하다. 어느 날 갑자기 카페를 오픈한다면 사실 폐업할 가능성이 높은 편이다. 그러나 그동안 카페에 관심을 두고 여러 가지를 준비하며 기다렸다면 카페를 오픈하는 시작점이 다른 것이다. 카페 오픈을 위해 인터넷 클럽에서도 활동하고 여러 카페를 방문해보고 그런 관심을 어느 정도는 갖고 있어야 운영할 수 있다. 목회자가 직접 운영하지 않는다 하더라도 그런 쪽을 아예 모른 상태로는 카페 담당자와 소통할 수가 없다. 그래서 리더가 중요하다.

카페 2호점을 오픈한지 일주일이 지났을 때 국민일보에서 인터뷰하러 갑자기 찾아왔다. 『새로운 카페교회를 꿈꾸며』 첫번째 책을 보고 찾아왔다고 했다. 3일에 걸쳐서 건강한 카페교회를 기획기사로 다루려고 하는데 카페교회에 관해 설명해 달라는 인터뷰였다. 3시간 정도를 인터뷰했고 사진도 찍었다. 우리가 부른 것도 아니고 돈을 주고 시킨 것도 아닌데 이렇게 알아서 찾아와 기사를 내주겠다고 하니 하나님의 일하심에 놀랄 수밖에 없었다. 그리고 한 달 뒤 국민일보 미션라이프 전면에 우리 카페교회 기사가 첫날 실렸다. 우린 정말 환호성을 지르고 그 신문을 20부 정도 더 구매해서 기념으로 보관해 두었다. 그 뒤로 많은 사람이 신문을 보고 찾아오거나 연락을 취했다. 참 감사한 일이 아닐 수 없다. 카페교회에 대한 필요와 한국교회의 현실에 대해 느끼며 대안으로서의 필요성을 절감할 수밖에 없었다.

카페교회는 이제 카페 3호점을 준비하고 있다. 올해 안에 몇 개의 카페교회가 세워 질지 기대가 된다. 다양한 상황에 부닥쳐 있는 절박한 신학생과 목회자들에게 새로운 개척의 길을 제시하고 싶다. 공동체가 함께 꿈꾸며 만들어가는 카페교회, 따뜻한 햇살 아래 차를 마시며 나누는 교제…. 이 느낌을 전해주고 싶다. 일주일 내내 텅 비어 있는 교회가 아니라 매일 같이 수많은 영혼이 다녀가는 그런 카페교회를 기대한다. 그들을 위해 목사로서 축복하며 기도해 줄 수 있지 않을까? 소망을 품고 비전의 날개를 펴볼 수 있지 않을까? 그저 시시하게 목회하는 시늉만 하는 게 아니라 영혼들을 품에 안고 눈물로 기도하는 목회를 해봐야 하지 않을까? 그래도 소망과 비전을 꿈꿀 수 있다면 그것만으로도 충분한 게 아닐까?

03
.
.
.
카페교회 2.0

이미 수년 전부터 카페교회는 많이 있었다. 하지만 몇 년 지나지 않아 그 많던 카페교회들이 하나둘 자취를 감추기 시작했다. 왜일까? 카페교회 1.0은 담임목사가 직접 카페 바리스타가 되어 운영에 뛰어든 케이스이다. 그러다 보니 카페에 매여서 아침부터 밤까지 커피를 내려야 했다. 목사는 대외적으로 사람들을 만나고 복음을 전하며 비전을 꿈꿀 수 있어야 하는데 카페 매출에 집중하게 되어 시야가 좁아지고 카페지기로 전락하게 되어버렸다. 카페의 운명이 곧 교회의 운명이 되어버리는 순간이다. 그럴 수밖에 없는 것이 처음부터 공동체를 만드는데 주력한 게 아니라 카페를 덜컥 세우고 운영하는 데 주력했기 때문에 카페를 처음 오픈할 때나 나중이나 교인이 늘지 않았다.

목회보다는 사업에 치중하게 된 케이스다. 카페교회라면 적어도 기존교회와는 다른 시스템과 예배형식, 운영의 묘를 발휘해야 할 것이다. 무늬만 카페일 뿐 모든 게 기존교회와 똑같다면 굳이 카페교회를 나온 이유가 무엇일까? 차라리 기존 교회가 기도하기도 찬양하기도 말씀을 듣기에도 더 편하고 좋다. 봉사할 곳도 많고 리더가 되기도 쉽다. 카페교회를 찾아온 사람이라면 무언가 새로운 것을 기대하고 왔을 것이다. 그런데 목회자가 똑같은 마인드로 똑같은 옷을 입고 서 있다면 질려 버릴 수밖에 없다.

목회자는 카페운영에 조바심을 내며 손님들을 상대하다보니 목사의 정체성이 희석될 수밖에 없다. 그렇다고 해서 목회자가 전문적인 바리스타일 리도 없다. 카페 쪽에 굉장한 경험이 있는 경우도 드물다. 결과적으로 상식선에서 생각해 보아도 카페 운영에는 젬병일 확률이 높은 것이다. 이렇게 되면 단지 버티기 정도로 밖에 볼 수가 없다. 카페는 계속해서 새로운 메뉴를 개발하고 손님들에게 홍보하며 주변 상권을 인식하고 여러 모임을 끌어들여야 하는데 목회자가 바쁘면 아무것도 할 수가 없다.

이런 상황의 카페교회가 많던 1.0 세대에서는 살아남는 카페교회가 적었고 살아남았다 하더라도 교인은 없고 간신히 월세만 내며 카페 영업을 하는 경우가 대부분이었다. 로스팅으로 원두를 판매하거나 부수적인 다른 일들을 하면서 운영을 하고 있을지도 모른다. 그렇다면 무엇이 잘못된 것일까? 애초에 카페교회를 해서는 안 되었던 것인가? 아니면 방법의 문제인 것인가? 여기서부터 카페교회 2.0이 등장하게 된다.

카페교회 2.0은 담임목사가 직접 카페 바리스타가 되거나 운영에 참여하지 않는다. 도리어 교인 중에 전문적인 바리스타나 카페 운영자를 뽑아서 맡긴다. 그리고 조언과 관리를 하는 형태를 말한다. 이것은 다시 말해서 카페운영이 하나의 사역으로 전환됨을 의미한다. 참고로 우리 교회에는 12가지 사역팀들이 존재하는데 그중의 하나가 바로 카페 팀이다. 이렇게 되면 카페 하나의 운영에 전문 성도가 투입되고 카페의 존폐 위기가 교회의 존폐 위기로 확장되지 않으며 담임목사가 카페 하나에만 매달리지 않고 여러 가지 다른 사역과 비전을 꿈꾸며 여러 가지 활동을 하게 된다.

카페교회 2.0에서는 공동체를 먼저 만들고 시작한 후 공동체가 카페 운영을 감당할 수 있을 때 카페를 인수하기 때문에 보다 효과적으로 카페를 운영하게 된다. 단순히 카페의 수익만으로 운영하는 게 아니라 교회 재정에서 카페 팀 사역에 지원하는 재정이 있기에 카페는 당연히 도움을 받고 운영되게 된다. 이렇게 되면 카페는 지속해서 안정적인 관리와 운영을 할 수 있고 교회는 카페 장소를 통해 더욱 열린 많은 모임과 행사들을 진행할 수 있게 되므로 공생관계를 취하게 된다.

대형교회 1층 로비마다 존재하는 교회 안에 카페와는 상권이나 위치에서 본질적으로 다르다. 대부분의 교회 내에 위치한 카페는 교회 내부용이다. 외부인들은 거의 가지 않는다. 단, 대형 프랜차이즈 카페를 입점시킨 경우는 예외이다. 하지만 그렇지 않은 대부분의 교회 안 카페는 교인들만 사용한다. 하지만 카페교회 2.0은 사실 교회 건물이 없다. 카페만 존재하기 때문에 일반인들에게는 카페로만 인식되어 많은 사람이 자연스레 찾아오는 카페가 되는 것이다. 그러니 가능하다면 교회

색깔을 없애고 복음성가보다는 카페 음악을 틀어두고 절제된 형태로 교회 정기 예배를 드리는 장소임을 알리기만 하면 된다.

결국, 카페교회 2.0은 카페로서의 지속성과 전문성, 그리고 교회와의 상호연계성이 좋으므로 좀 더 장기적으로 건강한 사역을 할 수 있는 구조가 되는 것이다. 실제로 내가 아는 카페교회들도 1.0 시리즈가 많다. 내가 보기에도 어려워 보이는 구조이다. 그러나 조금만 생각을 바꾸면 카페 운영의 패러다임을 새롭게 할 수 있다. 그리고 그것이 새로운 돌파구가 될 수도 있다. 목회자는 목회에 더욱 신경을 쓰고 기도하며 비전을 선포한다면 얼마나 즐거운 목회가 될 것인가?

대부분 신학생과 목회자들은 고정관념 때문에 내려놓지 못하는 게 있다. 하지만 시대가 변했다. 용기를 내어 담대하게 주님의 말씀을 붙들고 서야 할 때가 왔다. 옛날 옷을 입고 맞는 척 할 때가 아니다. 현실에 민감하게 반응하고 젊은이들을 볼 수 있어야 한다. 그게 없다면 앞으로 교회는 내리막길을 걷게 될 것이다. 젊은 세대가 하나도 없다면 한국 교회들은 어떻게 될까? 말하지 않아도 모두가 다 알고 있는 사실이다.

시대마다 필요한 목회스타일이 있는 거 같다. 교회학교가 부흥할 때가 있고, 찬양의 바람이 불 때가 있고 제자훈련이 뜰 때가 있고 이젠 소그룹 공동체가 필요한 때이다. 카페교회를 통해 그 필요에 적절한 목회가 되었으면 좋겠다.

04

사역에서 사업으로 확장하라.

우리 교회에는 여러 가지 청년들의 달란트를 고려한 사역팀들이 있다. 물론 행사 때나 교회 운영에 필요한 사역들이다. 사역팀을 만들 땐 필요 여부를 고려하여 세팅하게 된다. 팀리더는 사역자 중에서 은사를 고려하여 세우고 팀장은 평신도에서 전공이나 달란트를 고려하여 세운다. 그리고 팀원들은 관심과 열정만 있다면 함께 할 수 있다. 이렇게 세워진 12개의 사역팀은 팀마다 카톡방을 만들고 활동한다. 어떤 팀은 1년에 한 번만 단기선교 갈 때 사역한다. 어떤 팀은 매일 사역해야 하는 경우도 있다. 어쨌든 모두가 기쁨과 감사로 팀 사역을 잘 감당하고 있다. 그런데 여기서 교회 사역으로만 머물러 있기에는 너무 아까운 팀들이 있다. 그래서 사역팀들의 방향성을 좀 더 열어주기로 했다.

사역팀들 중에서 전문적인 팀들은 사업자 번호를 등록하고 사업체로 변신해서 활동하도록 장려하고 있다. 벌써 우리 팀 중에서 3개 팀이 사업체로 활동하고 있다. '문서팀에서 새로운길 출판사', '카페사역팀',

'기획팀에서 홈페이지/블로그 업체' 이러한 팀은 벌써 매출을 올리고 있다. 사업체들은 팀리더와 팀장들이 결정하고 진행하여 사업하며 십일조를 교회에 헌금하는 형태로 진행하고 있다. 이를 통해 청년들의 취업문제도 동시에 해결되며 교회 재정에도 도움이 되고 있다. 기존 교회에서 바자회를 하거나 여선교회에서 음식들을 판매하는 사업과 비슷하지만, 교회 내부적인 사역에서 외부적인 사역으로 확장한 사례다.

사실 교회 안에 전문가들이 많이 숨어 있다. 기존 교회에서는 그들이 드러나게 될 계기가 적다. 예배를 드리고 집에 가기 바쁘기 때문에 깊은 교제를 하지 않는 한은 그들이 어떤 전문성을 가졌는지 알기가 어렵다. 청년들도 마찬가지다. 그런데 카페교회에서는 예배 후 나눔을 통해서 성도들과 깊은 교제를 하기 때문에 그들이 어떤 달란트가 있는지 쉽게 알 수 있다. 그러므로 그들에게 맞는 사역팀에 배치하기가 쉽고 그것은 추후 사업체로 전환될 경우 보다 전문적인 일터에 맞는 교인이 그 자리에 있다는 이야기도 된다.

굳이 이렇게 사역을 사업체로 전환해야 할 이유가 있을까? 불경기에 접어들어 대규모 청년 실업사태에 빠져 있는 요즘을 보면 교회가 기도만 하자고 외치는 것으로는 부족하다는 것을 체감하게 될 것이다. 청년들에게 열정페이, 믿음페이만을 요구하며 교회의 풀타임 사역자보다도 더 봉사할 게 많다면 어떤 청년이 장기적으로 그 교회에 붙어 있을 수 있겠는가? 이건 작은 교회도 마찬가지다. 청년의 미래는 어떻게 되는 것일까? 목회자가 너무 치우친 건 아닐까? 보다 객관적이고 균형 잡힌 생각을 해봐야 한다.

사역에 의미를 부여하고 교회에 꼭 필요한 사역이 사업으로 전환되면서 청년의 일자리와 교회 재정이라는 두 마리 토끼를 다 붙잡을 수 있게 된다. 이제 더는 봉사라는 단어만으로 청년들의 열정페이를 뺏는 행위는 교회 안에서도 정당화되기 힘든 시대가 왔다. 믿음이 없는 세대라고 할지 모르겠지만 그만큼 세상이 변했다. 교회만 모른척하며 지내기엔 이미 수많은 청년이 질려서 교회를 떠난 지 오래다. 목회자들이 먼저 깨달아야 한다. 상황 인식을 똑바로 해야 한다. 낭만적이며 긍정적인 마인드만 가지고 있다고 해서 되는 건 아니다. 냉철한 판단력이 필요하다.

카페교회 2.0에서 목회자가 카페에 올인하지 않고 관리자로만 존재하려면 사실 작은 교회들의 재정문제가 걸림돌이기도 하다. 오죽하면 담임목사가 카페 바리스타로 직접 뛰어들겠는가? 그러면 재정문제를 해결하기 위해 카페에만 매달리지 않도록 해야 한다. 사업체가 많다면 대안이 되지 않겠는가? 그 사업체도 목회자가 진행하는 게 아니다. 전문적인 평신도 팀장이 진행하도록 판을 깔아주고 장려해 주어야 한다. 그리고 교회가 협력할 수 있는 여러 가지 상황들을 만들어가야 한다.

기획팀은 원래 인터넷 총괄 부서이다. 워낙 인재들이 있어서 홈페이지 제작과 블로그 관리로 아르바이트를 하거나 사업을 진행하는 성도들도 있다. 그래서 그럴 바엔 사업을 하자는 쪽으로 결론을 냈다. 팜플렛을 제작하고 본격적인 영업을 뛰고 있다. 계약을 체결하고 벌써 몇 개 업체는 진행 중이다. 예전에 신학교에 다닐때 기숙사에서 생활하며 컴퓨터를 방에 몇 대 비치해서 홈페이지 제작을 했던 적이 있다. 그때 여러 교회와 업체들 작업을 해주었었는데 그 경험을 통해 이 사업도 충분히 이해가 되고 컨트롤이 가능해서 진행하게 되었다.

목회자 자신의 경험이나 관심에 따라 목회의 방향성이 어느 정도는 영향을 받게 된다. 그러니 꼭 이런 분야가 아니더라도 얼마든지 자신의 달란트에 따라 자신 있고 즐겁게 목회하면 된다. 내가 아는 어떤 목사님은 클래식 악기를 잘 연주하셔서 어린이들에게 악기 레슨을 해주다 보니 오케스트라를 만들게 되고 정기적인 공연을 하며 교회를 부흥시키셨다. 여러 교회와 연계하여 클래식으로 대동단결하여 건강한 목회를 하고 계신다. 어떤 목사님은 목공소를 차리셨다. 그리고 주문을 받아 기념될만한 가구들을 제작해서 판매하신다. 하나님은 각 사람에게 적당한 달란트를 주셨으니 감추어두지 말고 꺼내어 활용하기 나름이라고 본다.

처음에는 목회자 자신이 스타팅을 끊었다 해도 진행하면서 공동체에 관심 있는 사람들과 연계해서 그들이 진행할 수 있도록 가르쳐 주고 연계하는게 필요하다. 그렇게 하면 목회자는 그 사역에 대해서 초기 세팅만 해주고 적절한 컨트롤만 하면 되며 이후 다른 사역에 눈을 돌릴수 있게 되는 것이다. 가능하다면 많은 사람들과 만나서 다양한 이야기를 듣고 여러 교회의 소식과 아이디어 소스를 얻는 것이 필요하다. 일반적인 경영자들과 비슷한 마인드를 가지고 사업성을 바라볼 필요가 있다. 교인 중에 일반 사업체를 운영하고 있는 분들이 계시다면 그분들에게 큰 도움을 받을수가 있다. 십분 활용하면 좋다.

사역들을 사업으로 전환함에 있어서 멘토링이 필요한데 가능하다면 공동체에서 이미 그 분야 사업을 진행하고 있는 분들과 연계해서 준비하고 시작하는게 좋다. 이렇게 하면 맨땅에 헤딩하는 것 보다는 훨씬 쉽고 안정적으로 그 분야의 일을 시작하기에 좋다. 여러 가지 조언들과 인맥, 그리고 시장의 흐름들도 알 수 있기 때문에 귀한 경험을 바탕으로 도전해 볼만 하다. 목회자에게 그런 경험이 전혀 없다면 믿을만한 성도들을 멘토로 삼고 함께 진행하면 된다. 공동체가 함께 살아가기 위한 방향을 모색하다보면 뜻하지 않은 길이 열릴때가 있다. 생각을 전환하고 용기를 내어 도전해 보라. 도전해야 뭔가 결과가 생기지 않을까? 가만히 기다리며 안주해서는 만년 그대로일 뿐이다. 또 안될거라고 지레 짐작으로 절망하고 포기를 하기보다 도전적인 멘토와 상담하는게 도움이 될것이다.

Part 02.

새로운 대안

공동체를 먼저 시작하여 멀티 사역을 하면서
카페를 인수 하는 형태의 대안

05

·
·
·

카페교회 목회 이야기

☕

　카페교회는 벌써 3년 3개월이 되었다. 처음 말씀을 따라 부목사를 사임하고 개척을 시작할 때는 앞이 보이지 않았다. 2013년 1월 첫주 추운 날씨를 뚫고 일산에서 신촌까지 차를 타고 미리 이야기 되었던 작은 카페를 대관하여 첫 예배를 드렸다. 그때만 해도 카페교회에 대한 막연한 비전뿐이었다. 3명이 모여서 예배를 드리는데 속으로 한숨이 나왔다. '과연 될까?' 아마 지금 책을 읽고 있는 분 중에도 이런 심정이실 분들이 많을 것이다. 그렇지만 이 대목에서 한마디 꼭 해주어야 할 것은 "시작하면 하나님께서 그냥 놔두시지 않는다." 라는 말이다. 힘이 되시길 바란다.

　첫 예배는 사실 개척준비모임에 가까웠다. 교회도 없고 재정도 없었다. 도와 주겠다는 사람들도 후원교회도 없었다. 사역했던 큰 교회들에 연락해 볼 용기도 없었고 친척 중에 도와줄 형편이 되는 분들도 없었다. 사실 내 주변에 있는 모든 사람이 다 힘들 때였다. 심지어 집도 없어서 동생 집에 간신히 얹혀 살아야 했다. 모아둔 돈도 없었고 버틸만한 상태도 아니었다.

사실 그렇다. 신학교를 다니며 50만 원 받는 교육전도사 사례비로는 생활비도 감당이 안 되었다. 수업료는 빚이 되어 계속 갚아야 했고 그 뒤로 시골교회에서 목회할 때는 사례비가 얼마 안 될 뿐만 아니라 그나마도 다 헌금으로 내야 교회가 운영될 정도였다. 부목사로 사역할 때도 청년들에게 그리고 헌금과 생활비로 다 지출되었다. 집사람이 직장생활을 계속했는데 빚 갚는데 써야 했다. 아이들도 태어나며 쉽지 않았고 우리를 도와주는 사람들은 별로 없었다.

그러니 개척을 해서도 상황은 마찬가지였다. 하지만 적어도 개척을 준비하며 그런 생각을 했었다. 당분간은 일해서라도 생활을 해가며 목회를 해야겠다고 말이다. 사실 직장생활을 하며 목회를 병행하기란 쉬운 일이 아니다. 돈은 버는 만큼 또 나갈 곳이 많은 법이다. 1년을 열심히 뛰었다. 목회도 생활도 쉽지 않은 시간이었다. 그만큼 절박한 상황은 밤이나 낮이나 기도하게 만들었다. 기도할수록 부지런해질 수밖에 없었다.

여러 가지 일을 경험하며 교인들 생각을 많이 하게 되었다. 평일에 이렇게 바쁘고 피곤한데 주말에 교회에 나와서 무엇을 더 할 수 있을까? 그들을 더 깊이 이해하게 되었고 그들을 위해 예배를 기획하게 되었다. 성경을 해석하고 하나님의 말씀을 전해야 했다. 다른 엉뚱한 이야기 하기엔 시간이 아까웠다. 내 이야기보다는 그들의 이야기를 듣고 싶었다. 소망 없는 직장 생활을 잘 알기에 그들의 인생에 비전과 소망을 던져주고 싶었다. 그들의 눈이 반짝하는 것을 보고 싶었다. 한 주간 받은 상처와 피곤함을 위로해주고 회복시켜주어야 했다. 커피 한잔이라도 대접하고 싶었다.

목회는 점점 내 스타일대로 변해서 너무나 즐거웠다. 교인들의 삶에 대한 이야기는 재미있는 영화나 드라마 스토리처럼 들렸다. 다음 주에는 어떻게 될까? 그들을 위해서 어떻게 기도해야 할까? 그들을 향한 자연스러운 관심은 SNS로 번져갔고 나눔은 깊어지고 소통은 원활하게 될 수 밖에 없었다.

지금도 많은 목회자가 설교 강단에서 자신만의 이야기를 하고 있다. 교인들과 소통이 안된 채로 말이다. 교인들의 현장에 대해 전이해도 없이 함부로 재단하고 평가하며 판단한다. 얼마나 많은 교인이 상처를 받는지 정작 목회자 본인은 모른다. 무엇이 복이고 무엇이 저주인지 분별력이 없다. 그저 자신은 마땅히 할 일을 했다는 자만한 태도뿐이다. 그 뒤로 교인들은 얼마나 가슴을 치며 울고 있는지 모른다. 위로 받으러 왔건만 말씀을 듣고 새 힘을 얻으러 왔건만 위로도 새 힘도 없다. 얼마나 답답한 현실인가? 모니터링이 필요하고 현실감각도 필요하다.

가나안 교인들이 넘쳐나는 이유가 다른데 있는 게 아니다. 위로의 목회, 공감의 목회, 소통의 목회가 너무나도 필요한 시대이다. 목회자 자신도 그런 힘든 경험이 있다면 그것을 통해 교인들을 더 깊이 이해할 수 있어야 한다. 그리고 도와줄 사람들만 찾다 끝나는 목회가 아니라 자신이 스스로 돌파구를 찾아내는 목회가 되어야 한다. 기도만 하기 보단 자신의 달란트를 가지고 대안을 찾아보길 바란다.

기존 교회에서는 장의자에 앉아서 뒤통수만 보는 구조로 누구의 이야기도 들을 수가 없다. 하지만 카페는 다르다. 카페에서는 서로 마주 볼 수 밖에 없다. 예쁜 조명에 은은한 노래까지 들린다. 그윽한 커피 향을 즐기며 이야기 보따리를 꺼내지 않을 수가 없다. 교인들과 이야기를 나누는 시간은 참 기대가 된다. 그들의 표정만 봐도 무슨 종류의 이야기를 하려는지 대강 알 수 있다. 그들을 위해 늘 기도하게 된다. 때로 울컥 눈물이 터진 교인들을 볼 땐 같이 눈물을 흘리게 된다. 너무 기뻐하는 교인의 고백에는 함께 기뻐해 줄 수 밖에 없다.

카페교회는 대형교회 구조와는 다르다. 소박한 공동체를 생각해 보면 된다. 하지만 그런 지역 공동체를 여러 개로 운영한다면 이야기는 달라진다. 소그룹 공동체의 장점과 대그룹 공동체의 장점을 섞었다고 보면 된다. 행사와 사역과 재정은 대그룹 공동체로 예배와 나눔은 소그룹 공동체별 특징을 살려서 조금씩 다르게 운영된다.

기존교회에서 가장 큰 약점이었던 담임목회자와의 나눔자리를 예배의 자리로 끌어왔다. 기존 교회에서는 예배후 집에 가기 바빴다면 우리는 도리어 이야기 나누느라 시간이 부족하다. 그들의 이야기를 들으며 신앙의 상황과 단계를 알게 되고 필요한 상담과 조언이 그 자리에서 이루어진다. 그리고 각 공동체를 위한 설교의 깊이를 고려하게 된다. 뜬구름 잡는 설교가 아니라 우리 공동체에 맞는 말씀을 전하게 된다.

이것이 탁월한 점이다.

06

·
·
·

먼저 공동체를 시작하라

무엇보다 개척을 시작한다면 최대한 부담을 줄이고 해야 한다. 예전 방법대로 한다면 교회 자리를 인수하거나 상가 건물을 얻어서 월세를 부담하며 개척을 시작하는 게 보통이다. 교단의 지방에 편입하는 방법을 따라서 가야 할 것이다. 이러면 교인이 없이 서류상으로 개척을 하므로 전적으로 교회의 재정적인 모든 부분을 자신이 혼자 감당하고 가야 한다. 결국, 돈이 있거나 빚을 얻거나 해서 지출하게 된다. 1~2년 안에 교인이 생기면 그나마 다행이지만 작은 개척교회에 더구나 상가건물에 교인이 생긴다는 것은 요즘 시대에는 기적 같은 일이다. 결국, 부담이 커지면 목사안수를 받은 후 부목사로 가야 할 수 밖에 없는 상황이 된다. 만일 교회에 교인이 몇 명이라도 생겨서 유지가 된다고 하더라도 평일에는 그 공간이 비어 있을 것이고 교인들이 이사라도 가게 된다면 결국 답이 없는 상황이 찾아오게 된다.

실제로 많은 목회자가 이렇게 시작을 했다가 3~5년이 지나도록 교인도 없이 그렇게 미자립교회로 존재하는 경우가 많다. 그동안 낸 월세를 모았다면 목돈이 되었을 텐데 속절없이 흘려버린 돈이 되어 버렸다. 이젠 이런 방법으로 건물만 잡고 있다고 해서 부흥하는 시대는 지났다. 사실 교회는 건물이 아니라 사람이다. 사람을 붙잡아야지 건물을 붙잡는다고 되는 게 아니다. 그리고 개척목회를 하려면 목회자가 오랫동안 버틸 수 있어야 한다. 정 안되면 직장생활을 할 각오도 되어 있어야 한다. 그 정도는 충분히 예상되는 일이다. 이미 많은 미자립교회 목회자들이 여러 가지 형태로 일하고 있다. 오죽하면 이중직에 대한 이야기가 뜨거운 감자이겠는가? 처음 시작할 때 나는 예외라고 생각하는 건 금물이다.

카페교회에서는 처음에 건물은 포기한다. 어차피 재정도 없거니와 건물을 유지하는 비용이 너무 아깝다. 수많은 카페가 있다는 것은 우리에게 도리어 기회이다. 주일 오전이나 오후 중에 장사 안되는 시간에 그 카페를 대관해서 쓸 수가 있다. 그리고 카페가 포화상태라는 건 결국 우리가 인수해서 카페교회로 활용할 카페들이 많다는 것이다. 긍정적인 마인드로 생각해 본다면 그렇다. 처음엔 작은 카페를 대관하여 주일 예배를 드리는 형태로 시작한다. 말이 대관이지 사실 음료만 시키면 그 공간에 대해 다른 대관료는 지급할 필요가 없다. 세상 사람들이 볼 때는 함께 모여서 커피 한잔 하며 이야기를 나누거나 회의를 하는 것 정도로 보이면 된다. 그러므로 카페 안에서 드릴 수 있는 간소화된 예배가 필요하다. 아주 큰 목소리로 일어서서 침을 튀기며 설교하거나 근엄한 목소리로 통성기도를 하는 건 이런 자리에선 금물이다. 가능하면 이야기를 나누듯 주보도 없애고 말씀도 짧아야 한다. 마치 소그룹 성경공부 하듯이 말이다.

가능하다면 측근세력을 공략해야 한다. 눈사람을 만들려면 처음에 두 손으로 작은 공 모양의 눈덩이를 만들어야 한다. 이게 있어야 이걸 굴려서 커다란 눈사람을 만드는 것이다. 개척해서 처음에 해야 할 것이 바로 이 작은 눈덩이를 만드는 일이다. 그건 바로 부모나 형제, 친구, 후배들을 의미한다. 그들과 만나서 함께 해달라고 요청해야 한다.

아내 주변에도 측근세력들이 존재한다. 만일 이 측근세력을 설득시켜 합류시키지 못한다면 개척은 접어야 한다. 아군도 설득 못 시키는 재주와 열정이라면 어떻게 교인들을 전도 할 수 있을까? 이 정도는 기본으로 할 수 있어야 개척이 가능한 것이다. 바닥에 드러눕고 무릎을 꿇더라도 구체적인 청사진과 비전을 열변하면서라도 어떻게든 개척멤버로 참여시켜야 한다.

측근 세력은 기본적으로 십일조를 하며 교회 재정을 뒷받침하고 목회를 돕는 지인들이다. 교회 재정은 온라인 헌금으로 하게 하고 특별한 지출 없이 카페에서 차를 마시는 정도로 사용한다. 그렇게 목회를 하다 보면 사람들을 계속해서 만나게 되고 교회에 여러 가지 일들이 생기면서 공동체가 형성되게 된다. 대부분 1년 정도를 거쳐야 기초가 세워진다. 측근세력이 사는 곳을 공략하여 그들이 장거리를 오게 하기보다는 목회자가 찾아가는 형태로 시간대를 나누어 예배를 드리면 좋다. 우리도 서울, 인천, 일산 등 일곱 군데 장소에서 각각 다른 시간에 모여 예배를 드린다. 구성원이 다르기에 공동체의 성격도 다르고 나눔도 다를 수밖에 없다. 이 정도 이동해서 예배를 인도하는 건 어려운 게 아니다. 밤에 늦게 끝나는 것도 어려운 게 아니다. 목회자라면 적어도 교인들이 있는 곳에 가야 하지 않을까? 기쁨으로 감당할 수 있기를 바란다.

공동체를 성장시키려면 소그룹으로 나누고 담당 리더들을 세워야 한다. 비전을 지속해서 제시하고 공동체의 이슈를 공유하며 개인들의 사소한 것들을 챙겨주면서 관심을 가져야 한다. 함께 기도하며 조언과 응원을 아끼지 말아야 한다. 소그룹 셀과 같은 느낌으로 예배모임을 인도해야 한다. 그리고 공동체 구성원들이 관심 있고 의미 있는 사역을 연결해 주어야 한다. 이 시기에 중점사역은 공동체를 만들어가는 것이다. 이 공동체가 결국 나중에 카페를 인수할 때 함께 하는 공동체가 되는 것이다.

공동체를 처음 시작할 때는 씨를 뿌리는 농부와 같은 심정이다. 눈에 보이는 것도 없다. 현실은 항상 암담해 보이고 되는 거 하나 없는 것처럼 보일지라도 괜찮다. 원래 시작은 다 그렇게 하는 거다. 시작이 처참할수록 훗날 웃으며 간증할 말이 넘쳐날 것이다. 첫 모임은 오히려 적은 인원이 모일수록 할렐루야이다. 공동체를 통해 함께 웃고 울며 친밀함을 만들어가고 이 시기에 목회자는 자비량으로 목회해야 한다. 교회 재정은 계속 모아서 나중에 종잣돈으로 사용해야 한다. 믿음으로 멀리 바라보며 비전을 꿈꾸는 시기이다.

공동체는 예배모임으로 모든 게 채워질 수 없다. 의미 있는 행사도 해야 하고 은혜 받을 수 있는 행사들도 해야 한다. 제자훈련이나 성경공부도 따로 진행하면서 리더를 키워야 한다. 국내 아웃리치나 성경캠프 같은 프로그램들을 통해서 주일 모임만으로 채울 수 없는 부분들을 만족하게 해야 한다. SNS에서 큐티를 나누는 것도 좋은 방법이다. 그리고 이 시기에 무조건 해야 할 것이 있다. 그것은 페이스북에 교회의 자취를 정기적으로 남기는 것이다. 매주 주일 모임에서 나눈 광고와 기도제목, 말씀 등을 고정적으로 기록해 두어야 한다. 이게 남으면 교회 역사가 되는 것이고 나중에 돌아보기도 쉽고 말씀은 모아두면 설교집이 될 수 있다. 이렇게 해두면 간단히 교회 자료가 되는 것이다. 외부인들에게 교회를 위해 기도 부탁하기에도 좋고 목회 서신이 될 수도 있으니 일석이조이다.

07
.
.
.

멀티와 네트워크

요즘은 멀티와 네트워크 시대이다. 샵인샵 개념으로 사업장 안에 여러 가지 사업들이 함께 공존하는 시대이다. 큰 건물을 빌려서 하나의 업체만 사업을 해서는 유지비를 감당할 수가 없다. 그래서 다양한 시도들이 진행 중이다. 축구에서도 선수의 포지션이 멀티적으로 여러 개라면 감독은 이 선수를 다양한 포지션에 두면서 조커 카드처럼 활용할 것이다. 하나만 잘해서는 살 수가 없다. 교회도 마찬가지다. 목회자는 다양하게 잘해야 한다. 찬양, 기도, 설교, 나눔, 전도, 기획, 분석, 이해, 상담 등 슈퍼맨처럼 다 잘해야 하는 시대이다. 대형교회에서는 그래도 각자의 포지션이 있어서 맡은 것을 잘 감당하면 되지만 개척을 하려고 하면 이젠 혼자서 그 모든 것을 다 잘해야 한다.

카페에 관한 관심을 통해서 어느 정도 카페시장을 분석할 줄 알아야 한다. 교회에 대해서도 그 정도 분석은 가능하다면 동일하게 관심의 폭을 넓혀야 한다. 가능하다면 여러 가지 일들을 짧게라도 해보는 게 좋다. 여러 가지 일들을 경험해 보면 이것이 나중에 교인들과 나눔을 할 때 아주 좋다. 이해하기도 쉽고 그 일의 경중과 앞으로의 방향성까지 볼 수 있으므로 조언해 주기도 좋다.

예전에 스타크래프트라는 게임이 젊은이들 사이에 태풍처럼 불어 닥친 적이 있었다. 그때 게임에서 이기려면 한정된 자원을 한곳에서만 모으고 있으면 안 되고 다양한 지역을 확보하여 자원을 공급해야 했다. 물론 세부적인 게임 컨트롤 능력도 중요하겠지만 결국 자원이 부족하면 지는 게임인 것이다. 오늘날 개척교회도 비슷한 원리가 적용되고 있다. 상가건물에 교회를 세우고 지역교회로서 열심히 전도하며 기도한다. 그리고 시간을 투자하여 그 교회만을 바라보고 있다면 그 교회가 부흥해야 살아남겠지만 그게 아니라면 답답한 상황이다. 게임처럼 그 비싼 보증금과 월세를 부담하며 다른 곳에 교회를 더 시작할 수도 없다. 그게 일반적 개척교회의 한계일 수 있다.

하지만 카페교회를 처음 시작할 때는 이야기가 다르다. 카페를 빌려서 예배를 드리며 공동체를 세워가는 것이기 때문에 이건 얼마든지 멀티가 가능하다. 공동체를 시작할 수 있는 교인들이 2~3명만 있다면 함께 모여 상의하고 교회를 시작할 수 있다. 한군데서 시작한 카페교회가 안정적으로 돌아가기 시작할 때 다른 곳에 또 다른 멤버들과 카페교회를 시작할 수 있게 되는 것이다. 이런 식으로 공동체가 10개가 넘어가면 그중에는 부흥하고 잘되는 공동체도 있고 변화가 없는 공동체도 있을 것이다. 전체적으로 보자면 카페교회는 부흥하고 성장하게 된 것이다.

그런데 만일 한 곳에만 매달려서 했다면 부흥하거나 그대로이거나 둘 중 하나일 것이고 위험 확률이 더 높을 수 있다. 작은 소그룹들이 여러 지역에 존재한다고 생각해 보면 쉽게 이해가 될 것이다. 그리고 각자 동떨어진 공동체가 아니라 네트워크를 통해 하나로 묶어 주는 게 필요하다. 재정을 하나로 모으고 행사와 교육, 사역들을 가능하면 하나로 통합한다. SNS를 통하여 모두가 소통하고 공유하도록 유도하고 교회의 비전을 함께 품도록 만든다. 이렇게 하면 큰 교회 안에 작은 소그룹들이 여러 개 존재하는 것과 같다. 작은 공동체마다 가능하다면 담임 목회자가 찾아가서 인도하고 소통하는 게 중요하다. 소그룹이 더 많아진다면 부목사나 전도사와 함께 사역하거나 협력 혹은 연합 사역도 괜찮다. 우리 교회도 부목사 1명, 전도사 2명, 간사 1명으로 각종 모임과 사역들을 진행하고 있으며 점점 공동체가 커지면서 필요에 따라 함께 하는 사역자가 많아질 수밖에 없다. 사역자들과는 별도의 네트워크를 가지고 있어야 하며 항상 비전을 공유하고 기쁨으로 헌신할 수 있는 구조로 만들어 가는 것이 좋다.

단순히 교회 내부적으로만 네트워크화 되어서 단결력이 좋은 것으로 만족하기보다는 젊은 세대에게로 영향력이 흘러갈 수 있어야 한다. SNS를 통해 친구들을 타고 교회의 사역들이 소개되거나 흘러가야 하고 교회 내부적으로만 향하기 보다는 가능하다면 외부적으로 향하는 사역들의 방향성을 점검하고 열어주어야 한다. 사실 교회는 세상을 향해서 나아가야 한다. 어두운 교회 건물 안에 모여서 자기들만 신나고 즐거운 모임이 된다면 소망이 없다. 은혜를 받았으면 우리 각자의 연결고리를 통하여 세상에 은혜와 축복을 흘려보낼 수 있어야 한다. 세상 친구들과의 네트워크가 중요하다.

자신의 페이스북 친구 숫자를 보면 세상에 대한 자신의 영향력을 수치로 확인할 수 있다. 어떤 대학생 자매는 세계여행을 다녀와서 그 노하우를 페이스북에 올리고 사진과 동영상을 통해 많은 젊은이에게 열정을 전이하고 있다. 그 자매의 페이스북은 제한된 5,000명의 페이스북 친구를 진작에 넘어서 지금은 팔로워만 3만5천 명이 넘었다. 각종 세미나를 진행하고 책도 썼으며 지금도 친구들과 여행을 다니고 있다. 수많은 젊은이가 이 어린 자매의 행동과 발언에 자극받고 영향을 받는 것이다.

목회자인 우리는 어떤가? 유명한 대형교회 목사님이 아닌 이상 우리 SNS 성적표는 초라하다. 진작에 누가 이런 이야기를 해주었더라면 페이스북 친구라도 많이 모아 놓았을 텐데 우린 도리어 임지를 옮길 때마다 그 교회 교인들과의 관계성도 함께 정리하는 게 미덕이라고 배웠다. 교회 사역을 잘하면 잘할수록 세상과는 단절되는 구조이다. 우리끼리 모여서 성령의 은혜가 넘치는 게 다라면 이건 폐쇄적인 종교집단에 불과하다. 예수님은 열두 명의 제자들과 함께 건물 밖으로 나오셨다. 이 마을 저 마을로 다니시면서 때론 풀밭에서 때론 바닷가에서 복음을 전하셨다. 여러 가정도 방문하시고 노상에서도 얼마든지 기적을 행하셨다. 그런 예수님과는 달리 우린 답답한 건물 안에 갇혀서 그 안에서 모든 것을 해결하려 한다. 이마트 같은 대형교회를 선호하는 이유도 건물 안에서 한방에 해결하려는 편안함에 있다.

카페교회는 그런 곳이 아니다. 우리는 날씨가 따뜻하면 공원 풀밭에서 모인다. 아이들은 뛰어놀고 우리는 소풍 나온 것처럼 짧게 예배를 드리고 맛있는 도시락을 먹으며 이야기를 나눈다. 공동체에 따라 어떤 날은 쉬기도 한다. 아웃리치때는 다 같이 모여서 1박 2일로 펜션에서 잠을 자고 다음 날 시골교회를 온종일 돕는 사역을 진행한다. 모두가 기쁨으로 섬긴다. 우리가 그동안 섬긴 교회마다 예쁜 벽화가 남아있다.

다시 가게 되면 우린 모두가 그때의 추억을 떠올린다. 자기가 그린 그림을 주목해서 바라본다. 청소하거나 수리하거나 벽지를 바르거나 했던 팀들도 그때가 생각나지 않을 수 없다. 그리고 이런 행사에 우린 꼭 친구들을 초대해서 함께 데려간다. 젊은이들에게 자신의 달란트를 가지고 봉사할 기회가 주어진다는 것은 의미 있는 일이다. 맛있는 것도 먹고 봉사도 하고 그 시간 내내 이야기들도 나누며 아름다운 시간이 흘러간다.

08

힘들어도 유지하라

카페교회를 하다 보면 사실 힘들 때가 있다. 카페 운영도 그렇지만 교회 공동체라는 게 원래 만만한 게 아니다. 무엇을 하고 어떤 결정을 내리든 수많은 말이 따라온다. 그건 어느 공동체나 같다. 하지만 성질 급하거나 다혈질이면 감정에 치우쳐 잘못된 판단을 내리기 쉽다. 혹은 가정의 상황에 따라 공동체를 돌보기 힘들어질 때도 있다.

여러 가지 변수들이 항상 있으므로 공동체의 리더는 항상 지혜로운 선택을 하기 위해 애쓸 수밖에 없다. 어차피 모두를 만족하게 하기는 쉽지 않다. 그러므로 더 기도하고 더 설명하고 더 객관적으로 일하려고 노력한다.

사실 이 부분은 목회자의 개인적인 성품에 대한 부분일 수 있다. 인내할 수 있는가? 어떤 교회 담임 목회자들은 다혈질이거나 성격이 급한 경우가 있다. 내 경우는 온화하지만 급한 편이다. 그렇기 때문에 작은 공동체를 운영해 나갈 때 이 부분은 치명적일 수 있다. 사람과의 관계성은 그렇게 화를 내거나 빨리 진행할 수 있는 게 아니다. 시간이 좀 흘러야 한다. 욕심을 가지고 접근하기보다는 도리어 그 안에서 함께 즐기며 평안하게 누려야 하는 게 정답이다.

항상 기다려야 한다. 조금 느리게 가더라도 기다려 줘야 한다. 그렇게 교인을 안고 가야 공동체가 유지되는 것이지 화날 때마다 다 잘라내거나 가시 돋친 말들을 쏟아내서는 공동체가 유지될 리가 없다.

선교여행을 간 적이 있는데 40명이 넘는 인원이 나눔을 시작했다. 한 명씩 돌아가며 이야기를 나누는데 마지막 날 밤이었으니 다들 할 말이 많았다. 난 원래 이런 이야기 듣는 것을 너무 좋아하며 즐기는 편이라 기대하며 듣고 있는데 옆에 계시던 전도사님은 꾸벅꾸벅 졸다가 급기야 옆에 누워서 주무셨다. 당연히 피곤했으리라. 이야기가 점점 더 진행되면서 선교사님도 밖으로 나가셨다. 하지만 다른 지체들은 눈이 반짝이며 이야기를 듣고 있었고 눈물 흘리며 휴지를 눈에 대고 있는 자매도 있었다.

때론 이야기를 정리하여 끊어야 할 때가 있고 그냥 들어주어야 할 때가 있다. 그 판단은 리더가 잘 내려야 한다. 어차피 선교지에서의 마지막 날 밤이면 솔직히 비행기 안에서 자도 그만이다. 그날은 충분히 들어줄 수 있는 날이다.

카페교회를 하면서도 우리의 예배는 짧지만 나눔은 길어졌다. 특히나 공동체 초기에 그런 경우가 많다. 대부분의 자매가 자신의 이야기를 처음 하면서 눈물을 흘린다. 그동안 이런 기회도 없었거니와 담임 목회자와 공동체가 주치의처럼 이야기를 들어주고 있으니 그 자체로 은혜의 시간이다.

가끔 어떤 분들은 너무 길게 이야기를 하신다. 때론 끊어야 하나 말아야 하나 고민될 때가 있다. 때로는 너무 짧아서 몇 가지 질문을 더 드려야 하는 때도 있다. 카페가 문을 닫는 시간이 되어서 끝내야 하는 상황이 연출될 수도 있다. 어떤 때는 교인이 늦게 와서 기다리느라 예배를 늦게 시작하는 때도 있다. 우린 카톡으로 연락해보고 오는 중이라고 하면 기다린다. 그 정도는 하나님도 봐주실 만 하다고 생각한다.

사역하면서도 사람들끼리 부딪히는 경우가 있다. 사실 목회자의 입장에서 보면 별거 아닌데 자존심이 걸려서 다툴 수 있는 부분일 수도 있다. 그러므로 아웃리치 때는 여기저기 돌아다니며 중간 조율을 한다. 모두의 생각이 다 같을 수만은 없다. 그것을 비슷하게 조율해 가는 게 리더가 할 일이다.

어떤 공동체는 1년이 지나도 변화가 없어 보일 때가 있다. 우리가 씨를 심고 물을 주어도 열매를 맺기까지는 오래 걸리는 것과 비슷하다. 어떤 공동체는 빨리 성장하고 은혜가 넘치지만 어떤 공동체는 더디 걸리는 경우가 있다. 이것은 개인도 마찬가지인데 포기하지 말고 기다리는 게 필요하다. 공동체를 세웠다면 정말 어쩔 수 없는 경우를 제외하곤 가능하면 유지해야 한다. 1~2년 유지하며 모이다 보면 가만히 멈춰있기란 불가능하다는 것을 깨닫게 될 것이다. 함께 기도하게 되고 친구들을 데려오게 되고 여러 가지 열매들이 맺힐 수밖에 없다.

예수님도 제자들을 가르치고 변화시키는데 3년 넘게 투자하셨다. 하물며 우리가 1~2년 안에 어떤 공동체를 변화시키고자 한다면 욕심이다. 사실 공동체를 부흥시키는 건 우리가 아니라 하나님께서 하시는 일이시다. 교회의 행정적인 부분을 간소화시켜서 최대한 길게 유지할 수 있도록 편성해야 한다.

목회자가 사역하더라도 길게 사역할 수 있도록 조율해 두어야 한다. 카페교회의 특성에 따라 공동체에 따라 목회자가 이 사역을 오래 할 수 있도록 세팅해야 승부수를 걸 수 있다. 힘들다고 다 포기할 것 같으면 왜 시작했나? 담대한 마음을 먹고 길게 바라보아야 한다.

목회자 개인의 가정도 잘 돌봐야 한다. 우리는 가능하면 토요일은 쉴 수 있도록 하고 있다. 가정에서 아이들과 함께 보낼 수 있도록 말이다. 모든 사역은 주일에 집중해 있고 주일 사역들도 간소하게 세팅되어 있다. 맛있는 것도 먹고 평안한 쉼도 있도록 하여 이 사역이 장기간 지속할 수 있도록 준비한 것이다.

가정이 뒷받침이 안 되면 또 하나의 짐이 되어버려서 장기적으로 롱런하기가 어렵다. 그리고 결정적으로 아이들은 금방 커버린다. 어릴 때 가능하다면 좀 더 많은 시간을 함께해주면 좋다. 평안하고 든든한 가정이 되어서 목회자를 돕는 상황이 되어야 장기적이고 안정적인 목회가 가능할 것이다.

Part 03.
새로운 길

멈출 때가 아니다. 또 새로운 길을 개척하라.
더 큰 비전을 꿈꾸는 이야기

09

·
·
·

말레이시아에 해외 1호점을 세워라

어느 날 친구와 이야기를 나누던 중에 재미난 이야기를 듣게 되었다. 말레이시아에 친구 몇 명이 아파트를 렌트하여 사용한다는 이야기였다. 그래서 1년 중에 3개월 정도는 한국에 들어와서 업무를 보고 그중 반은 다른 나라에 가고 나머지는 말레이시아에서 머문다고 했다. 그들이 하는 일이 프리랜서 개념이라서 그렇기도 하지만 사실 모두 싱글들이기도 해서 가능했다. 국내에서 머물 경우 원룸 신세인데 말레이시아에서 방 3개 정도 있는 집을 구하면 3명의 친구가 각각 원룸을 사용하는 격이니 월세를 나누어서 내면 더 저렴하게 여러 가지 혜택을 누릴 수 있는 상황이었다.

듣고 보니 내 머릿속에 번개처럼 스치는 게 있었다. "그런 식이라면 우리도 말레이시아에 갈 수 있을 뿐만 아니라 이왕이면 카페교회 해외 1호점을 시작하면 좋겠다." 그리고 이 생각은 점점 더 커져서 여러 나라에 카페교회를 시작하는 부분까지 확장되었다. 생각은 생각일 뿐 우선은 말레이시아에 가봐야 알게 될 터였다.

사실 해외에서 카페교회 개념은 더 이해되기 쉽고 해외 유학생들까지 있어서 얼마든지 재미있게 카페교회를 시작할 수 있을 것 같았다. 이 부분은 사실 선교사님들 중에도 이미 해외에서 카페교회를 하고 계신 분들이 계시기 때문에 어떤 면에서는 한국보다도 더 쉽게 카페를 마련할 수 있는 상황이 될 수도 있었다.

이후 페이스북을 수소문하여 다행히 신학교 동기가 말레이시아에서 9년째 중국인 선교를 하고 있다는 것을 알게 되었고 연락이 되었다. H 선교사를 통해서 말레이시아에 가는 일정이 계획되고 숙소와 현지에서 만나야 할 분들과 연결도 다 되었다. 우리 공동체에게는 너무나 놀라운 소식이었다. 말레이시아에 가서 현지 카페 시장이나 숙소 문제, 그리고 한인교회나 유학생들의 상황을 살펴보고 오면 좋을 거 같았다.

처음 카페교회를 시작할 때는 여기까지 생각하지 못했는데 하나님께서 점점 더 우리 교회를 놀랍게 이끌어 가시는 게 보였다. 인천공항에서 비행기를 타고 말레이시아에 도착했다. 한국은 3월인데도 말레이시아는 한여름이었다. 말레이시아 공항에 도착해서 입국 수속을 마치자 무더위 속에 동기 선교사가 서 있었다. 일정 동안 선교관을 숙소로 사용하고 함께 여러 가지를 알아보러 다녔다. 현지 선교사님들과 한인교회 목사님들도 만나 뵙게 되었고 특수한 현지 상황들을 듣게 되었다.

무엇보다 뜻하지 않게 내 마음을 사로잡은 것은 H 선교사가 진행하고 있는 UN 난민학교였다. 말레이시아에는 70만이나 되는 미얀마 난민들이 들어와서 살고 있었다. 말하지 않아도 열악한 상황이라는 것은 난민이라는 이름만 들어도 이해가 될 것이다. 14살만 넘으면 접시 닦이라도 해야 할 만큼 쉽지 않은 도시 생활에 적응하며 미얀마 가난한 가정들이 버티고 있었다. 그리고 미얀마 가정에 초등학생들이 있었다. 그들에게는 아무도 신경 쓰지 않았는데 H 선교사가 난민학교를 진행하며 그들을 가르치고 있었다. 그곳에서 자원봉사자로 가르치는 한인들, 대학생들, 미얀마 청년들을 보며 마음속에 뜨거운 게 올라왔다.

여러 명의 선교사님들이 연합하여서 3개의 UN 난민학교를 운영하고 계셨다. 열악한 상황, 쉽지 않은 현실… 함께 마음을 품고 도울 수 있는 방법을 찾으면 좋을 거 같다. 말레이시아에서 만나 뵙는 분들과 카페 교회 목회에 대한 열띤 이야기를 나누었다. 3-4시간씩 비전과 열정을 나누면서 참 귀한 마음이 들었다. 카페교회가 비지니스 선교의 방안으로 가능한지 나누게 되었다. 앞으로 하나님께서 어떻게 교회 공동체를 사용하실 지에 대해서 새로운 인사이트를 얻게 되는 순간이었다.

말레이시아는 다민족, 다문화, 다종교의 나라였고 동남아시아의 허브와 같은 나라였다. 여러 나라의 선교지를 훈련해 볼 수 있는 장소이기도 했고 영어권 나라였다. 그리고 실제로 카페교회를 하기에는 한국보다 더 좋은 여건에 있었다. 또 새로운 비전을 보게 되는 것 같았다. 비전과 방향성이 맞는 선교사님들과 의기투합하기도 했다. 여러 가지 방법으로 해외 1호점을 시작할 수 있는 충분한 여건이 준비되어 있었다. 공동체와 함께 기도하며 준비하면 좋은 방향성이 열리게 될 것이다.

국내에만 머물러 있지 않고 민족과 열방으로 눈을 돌리면 생각보다 큰 비전과 열정, 사명이 보인다. 때론 상황과 사연을 통해 우리의 마음을 움직이신다. 그리고 우리를 인도하신다.

그래서 우리는 해외 카페교회 1호점을 꿈꾸고 있다. 그것을 위해 준비하며 기도하고 있다. 국내 사역도 아직 다 펼쳐지지 못한 상태지만 앞으로 자연스레 될 것을 믿고 우리는 한발 더 앞서 해외에 눈을 돌려본다. 그 땅에 가서 예배 공동체를 만드는게 먼저이며 그 공동체를 통해서 자립 할 수 있는 형태의 카페를 인수하고 운영하는게 다음이다. 그리고 기도하며 진행하면 지금까지 인도하신것처럼 또 새로운 길을 보여주실 것이다. 믿음으로 나아가기를 바란다.

10

세미나를 진행하라

감리교신학대학교에서 카페교회에 대한 세미나를 진행하려고 한다. 그동안 커피 상자에 찾아와서 카페교회 이야기를 들으며 가슴 벅찬 소망을 안고 가신 분들이 많다. 개별적으로 그렇게 설명을 해드리면서 한 가지 아쉬웠던 점은 다 모아놓고 한 번에 설명하면 참 좋겠다는 생각이었다. 지금 여러 가지 루트로 세미나를 구상하고 있으며 감리교단에서도 관심있게 지켜보고 비전교회 세미나와 커피선교회 쪽으로 협의중이다. 아마 곧 세미나를 할 기회가 생길 것이다. 신학생들과 미자립 교회 목회자들에게 카페교회의 새로운 방향성을 제시할 계획이다.

사실 신학생들과 목회자들에게는 고정관념이 존재한다. 거룩한 영성과 더불어 꽉 막힌 고집도 주셨다. 자기 생각의 틀에 갇혀서 다른 건 받아들이기가 쉽지 않다. 그리고 배운게 많고 생각도 많다 보니 세미나를 들어도 자기 형태로 변신시켜 적용한다. 될 리가 없다. 그대로 똑같이 적용해도 될까 말까인데 말이다. 그래도 세미나를 통해서 그들의 생각에 약간의 영향을 줄 수만 있어도 성공이다.

　세미나를 통해서 많은 동역자가 생기기를 소망하고 있다. 그래서 카페교회 3호점, 4호점…. 계속해서 생겨났으면 좋겠다. 그리고 함께 연합해서 여러 가지 행사와 선교를 감당하며 작은 교회들을 돕고 세우는 일에 쓰임 받는다면 좋겠다. 정기 모임을 통해서 콘텐츠를 공유하고 네트워크를 통해서 유용한 정보들을 나누고 캠퍼스선교와 시골교회를 돕는 일에 함께하고 싶다. 교단을 넘어서 세대를 넘어서 규모를 넘어서 목회자들과 함께 속마음을 나누고 싶다. 그렇게 된다면 복음을 전하는 통로를 넘어 하나님의 나라가 확장될 수밖에 없지 않을까 싶다. 개인교회로 머무는 게 아니라 목회자 연합의 공동체가 함께 컨설팅해주고 함께 지원하는 카페교회 연합체가 되면 어떨까?

　언젠가는 국민일보를 통해 국내 초교파 카페교회 세미나를 대대적으로 광고하고 몇백 명씩 모여서 공개세미나를 진행하는 날이 오지 않을까? 수많은 작은 교회들이 소망 가운데 기쁨으로 목회하는 날이 오지 않을까? 민족과 나라 속에서 크리스천들이 회복되고 소금과 빛으로 살아가는 날이 오지 않을까? 우리 젊은이들과 다음 세대가 올바른 가치관과 믿음으로 자라나서 사회를 변화시킬 날이 오지 않을까? 이 땅에 숨어 있는 작은 교회들이 모두 자립하여 건강한 교회로서 사회에 선한 영향력을 끼치는 날이 오지 않을까?

11
···

탄자니아 선교와 원두수입

☕

　예전에 함께 사역했던 K 선교사님이 계시는데 그분이 교회를 사임하고 그 다음 날 찾아오셨다. 저녁 무렵 카페교회에 관해 설명하고 나누고 잘 마쳤는데 그다음에 여러 사람에게 우리 카페교회를 소개하며 그들을 데리고 또 오셨다. 그래서 카페교회에 관한 이야기를 설명해 주고 컨설팅을 해주며 즐거운 시간을 보냈다. 그런데 선교사님이 우리에게 3가지 제안을 하셨다.

　첫째는 국내에 들어온 아프리카 유학생들을 돌보기 위해 국내 카페를 오픈하려고 하는 데 컨설팅을 도와달라는 것이다. 서울 유명한 대학들에 다니는 유학생들과는 사실 캠퍼스 선교 부분에서도 협력할 게 많아 보이는데 우선은 국내 카페를 통해 유학생들이 아르바이트할 수 있는 장소가 되기를 원하셨다. 대학교까지는 장학금을 지원하지만, 대학원부터는 자비로 공부해야 하므로 그런 방법을 만들어 주고자 하시는 것이다. 우리가 도와줄 수 있는 부분을 동원하여 얼마든지

도울 수 있을 거 같았다. 카페팀장과 상의하여 진행하도록 하면 되는 부분이다.

둘째는 탄자니아에 남편 선교사님이 장기적으로 활동하고 계시는데 NGO 단체와 더불어 마을마다 자립할 수 있는 프로젝트를 진행해 오셨다고 한다. 이번에 한 마을에는 커피 가공 기계를 설치해 주어서 생두를 만들 수 있도록 하셨는데 그 생두를 컨테이너에 실어 배로 운송하여 한국에서 로스팅을 마치고 유통할 수 있는 방법이 있는지 물어보셨다. 이 부분도 우리가 도와 드릴 수 있는 상황이었다. 해외 컨테이너 운송 무역 일을 하는 자매가 있고 로스팅 업체도 우리와 거래하는 곳이 있고 국내 원두 유통 업체도 알고 있기 때문에 가능한 부분이었다.

셋째는 탄자니아에서 신학생들도 준비시켰는데 그들을 각 마을로 파송하여 보내고 자립할 수 있도록 진행하려고 하는데 그 모델로 카페교회를 보게 되었다는 것이다. 그래서 탄자니아에 직접 가서 현지 분들과 만나고 카페교회 모델이 이식될 수 있을 것인지 진단하고 그렇게 도와주면 좋겠다는 것이었다. 이 부분을 위해서 5월에 남편 선교사님이 한국에 들어와서 우리와 미팅을 하겠다고 하셨다. 이 부분도 크게 어렵지 않은 부분이었다. 어차피 가서 이야기하면 되는 부분이고 얼마든지 카페교회가 해외에도 세워지기를 원했으니 즐거운 상황이었다

그래서 이 부분이 현재 진행 중이다. 탄자니아까지 가게 될 줄은 몰랐다. 요셉도 총리가 될 줄 몰랐을 것이다. 10달란트를 남겼더니 더

맡겨 주신다. 하나님께서 인도해 주시는 스케일은 우리의 상상을 초월하신다. 이런 이야기를 전했더니 우리 공동체는 모두 난리가 났다. 아직 이루어진 것도 아니지만 벌써부터 탄자니아에 다녀온 듯한 느낌이다. 믿음의 길이라는 게 그렇다. 아직 이루어진 게 아니다. 하지만 이루어질 것으로 믿고 가는 그 기분이 기가 막히다.

어디 탄자니아뿐이랴! 가난한 나라마다 자립할 수 있는 구조로 선교하는 것이 목적이라면 같은 사례를 가지고 접목할 수 있는 다른 나라들도 많을 것이다. 이제 새로운 패러다임으로 목회해야 할 시대가 다가오고 있다. 기존의 방법은 잠시 내려두고 새 옷을 입어야 하지 않을까?

12

감리교단에 카페교회를 제시하다

감리교단에서도 새로운 개척교회 모델을 찾고 있었다. 쏟아지는 신학생들과 미자립 교회들을 가만히 보고만 있기는 쉽지 않았을 것이다. 사실 교단 차원에서 그들에게 도움이 될만한 자료들이나 프로그램을 기획해야 할 의무가 있는 것은 아니다. 하지만 개인적으로 목회하며 그런 도움을 얻거나 자료들을 찾아내고 멘토 목회자들을 만난다는 것은 쉬운 일이 아니다. 결과적으로 교단 차원에서 이런 부분에 관심으로 자리를 만들어줄 필요가 있다. 그렇게 한다면 젊은 신학생들과 목회자들에게 신선한 바람이 불지 않을까 기대해 본다.

요즘 같은 시대에는 신학생들도 모두 어떻게 목회를 해야 할지 걱정이다. 모두 사정이 비슷하다. 상가 건물 하나 얻어서 개척하는 것일 텐데 이미 교회도 포화상태이며 그렇게 해서 목회를 한다 해도 소수를 제외하고는 부흥할 방도가 없다. 모두 비슷한 처지이고 형편이기 때문에 교단 차원에서 새로운 패러다임을 제시하는 게 필요하다.

건강한 개척교회를 목회하고 있는 숨겨진 목회자들을 파악하여 그들을 강사로 세워 공개 세미나를 진행한다면 신학생들과 작은 교회 목회자들에게 신선한 도전이 될 수 있을 것이다. 강사 목사님들과 멘토를 맺고 복합적인 컨설팅을 통해 각자의 개성을 따라 좀 더 지혜롭고 효율적인 개척이 되도록 지원할 수 있는 방법들이 존재할 것이다.

그동안 감리교단은 내부적으로 수많은 비판을 받아왔고 인식도 좋지 않은 게 사실이다. 그런 이미지를 쉽게 벗진 못하겠지만 적어도 젊은 목회자들에게는 무언가 다른 평가를 받아낼 여지가 있지 않을까? 교육국이나 선교국에서 얼마든지 진행해볼 만하다. 감리교단 안에서도 수많은 목회자가 참신하게 특성화된 목회로 건강한 교회를 만들어 가고 있다. 그들을 발굴하여 네트워크로 연결하는 작업이 필요하다.

다행히 L 목사님을 통해 사회평신도국 P 목사님과 만나게 되었다. 그리고 사회적기업, 비전교회 세미나, 커피선교회에 대한 연계사역 이야기를 나누게 되었다. 꿈만 꾸던 일들이 실제적으로 이루어지게 된것이다. 그리고 미션과 비전도 비슷해서 너무나 즐거운 시간이었다. 이제 카페교회는 감리교단에서 함께 사역해 나가게 된것이다.

이런 특별한 사역들을 하고 있는 젊은 목회자들이 많다. 그런 리더들과 함께 수많은 작은교회들에게 소망을 줄 수 있는 멘토가 되기를 기대해본다. 사역이 확장되면서 우리는 더욱 큰 꿈을 꾸게 된다. 이 시대에 건강한 공동체가 정말 필요하다. 수많은 건강한 공동체들이 세워지기를 기도한다.

[카페교회를 시작하기 위한 매뉴얼]

1. 핵심 세력을 설득하라.
- 그들에게 제시할 미션과 비전, 목회의 대상을 분명히 하라.
- 측근세력도 설득하지 못한다면 목회 실력을 키워야 한다.

2. 공동체를 먼저 시작하라.
- 건물보다 사람이 먼저다. 카페에 세미나실에서 커피 한 잔 시켜놓고
  예배모임을 만들어도 괜찮다.
- 친한 멤버들을 만나고 그들이 모이기 쉬운 장소와 시간에 정기적인
  예배모임을 만들어라.

3. 멀티 공동체를 꿈꾸라.
- 2, 3명만 모인다면 찾아가서 예배모임을 만들어라.
- 함께 비전을 꿈꾸며 기도하고 목양하라.

4. 팀과 행사를 기획하라.
- 각자의 달란트에 맞는 사역팀을 꾸려라.
- 공동체가 함께 섬길 수 있는 행사를 기획하라.

5. 여력이 될 때 카페를 인수하라.
- 공동체가 카페 운영이 가능하다고 판단될 때 인수하라.
- 공동체 멤버 중에 카페 전문가를 양성하라.

6. 비전과 전략을 세워라.
- 공동체의 비전과 방향성을 점검하라.
- 전략과 전술을 세우고 전진하라.

Part 04.

새로운 교회 말씀

새로운 공동체 예배에서 나누며 함께 은혜 받았던 말씀

13
. . .

영혼들을 향한 관심

베드로전서 4:7-11

7. 만물의 마지막이 가까이 왔으니 그러므로 너희는 정신을 차리고 근신
   하여 기도하라
8. 무엇보다도 뜨겁게 서로 사랑할지니 사랑은 허다한 죄를 덮느니라
9. 서로 대접하기를 원망 없이 하고
10. 각각 은사를 받은 대로 하나님의 여러 가지 은혜를 맡은 선한 청지기
    같이 서로 봉사하라
11. 만일 누가 말하려면 하나님의 말씀을 하는 것 같이 하고 누가 봉사하
    려면 하나님이 공급하시는 힘으로 하는 것 같이 하라 이는 범사에 예
    수 그리스도로 말미암아 하나님이 영광을 받으시게 하려 함이니 그에
    게 영광과 권능이 세세에 무궁하도록 있느니라 아멘

베드로 사도가 초대교회와 근처 교인들에게 말씀하려고 기록한 것입니다. 이 말씀을 통해서 오늘날 우리도 동일하게 어떻게 신앙생활 해야 하는지를 깨닫는 시간이 되었으면 좋겠습니다.

7절에 만물의 마지막이 가까이 왔으니라고 시작합니다. 종말에 대한 준비는 크리스천이라면 기본적으로 가지고 있어야 합니다. 세상 사람들은 세상에서 살아가는 게 끝인 것처럼 살지만 우리는 죽음 이후에 또 살아가는 영적인 세계가 있다고 믿고 알고 있는 사람들입니다. 그렇기 때문에 이 땅에서의 삶이 더 중요함을 잘 알고 있습니다.

하지만 어떤 사람들은 종말론에 너무 치우쳐서 거기에 빠져 살아가는 사람들도 있죠. 이단도 그렇고 베드로 사도가 저 말을 하고 나서도 2천 년이 흘렀습니다. 아직 세상의 종말은 오지 않았죠. 하지만 개인들의 종말은 계속해서 반복되어 왔습니다.

우리 개인의 종말, 영적인 세계, 그 모든 것을 알고 있는 우리는 신랑을 기다리는 신부의 비유처럼 마지막 시대를 잘 준비하며 크리스천으로 살아야 할 것입니다. 알고 있는 사람과 모르고 있는 사람은 차이가 크겠죠.

7절 후반에 너희는 정신을 차리고 근신하여 기도하라고 말씀하고 있습니다. 그런데 이 말씀은 사실 십자가를 지시기 전에 겟세마네 동산에서 제자들과 함께 기도하실 때 계속해서 졸고 있는 제자들에게 예수님이 하셨던 말씀이기도 합니다. 어쩌면 베드로에게 하셨던 그 말씀, 이젠 반대로 베드로가 우리에게 하는 말씀입니다.

제자들이 그 밤에 기도하지 않고 졸고 있었던 이유는 피곤하기도 했지만, 그것보단 그동안 3년 가까이 예수님과 함께 생활했는데 바로 그 다음 날이 십자가를 지시게 될 날이라는 것은 아무도 상상할 수 없었기 때문이죠. 만일 알았다면 그들이 졸고만 있지는 않았을 것입니다.

위급함을 느끼지 못하고 내일이 어떻게 될지 알지 못하고 그래서 무지로 인한 평안함에 졸음만 쏟아지는 것입니다. 우리도 내일이 어떻게 될지 잘 모릅니다. 하지만 그래도 기도합니다. 내일도 도와주시기를 말이죠.

기도하라는 말씀을 보면 어떤 분들은 새벽기도 해야겠구나 라고 생각하실 수도 있습니다. 시간을 정해서 하는 기도, 의식적으로 하는 기도, 새벽기도가 없던 베드로 시대에 말씀하신건데…. 제가 생각할 때는 여기서 기도라 함은 주님과의 관계를 말씀하시는 것 같습니다.

우리는 24시간을 우리 생각과 세상 생각으로 다 보낼 때가 많습니다. 다만 몇 분이라도 주님을 생각하고 대화하며 기도할 수 있는 그런 시간을 가진다면 어떨까요? 꼭 무릎을 꿇고 형식을 갖추어 기도하기보단 그렇지 못한 상황에서라도 기도 할 수 있는 우리가 되기를 소망합니다.

저는 고등학교 때 40분 정도 콩나물시루 같은 버스를 타고 학교를 통학했습니다. 손을 들어 머리 위에 손잡이를 잡고 다른 손에는 도시락

가방을 들고 매달려 가면서 마음속으로는 하나님께 기도하는 귀한 시간을 가질 수 있었습니다. 교회를 가지 못하더라도 어느 장소에 있더라도 혹은 혼자 있는 시간이라도 얼마든지 주님과 깊은 교제를 할 수 있겠지요. 베드로 사도는 바로 그런 기도 시간을 가지라고 말씀하시는 겁니다.

8절에서는 사랑에 대한 말씀을 전하고 계십니다. 크리스천이라면 사랑이 있어야겠죠. '하나님은 사랑이시다.' 이 문장도 많이 들어보셨을 것입니다. 주님을 닮아간다면 십자가의 그 사랑, 우리의 허물까지 덮어버린 일방적인 사랑을 알아야 하고 배워야 할 것입니다. 조건없는 그 사랑을 우리도 닮아야겠죠.

내 친구, 가족, 이웃, 우리는 얼마만큼 사랑하고 있나요? 세상의 영혼들을 위해서 어느 정도 긍휼한 마음을 가지고 있습니까? 하나님 아버지의 심정은 어떠실까요? 메말라버린 우리들의 마음에 사랑이 가득하여 넘치고 흘렀으면 좋겠습니다.

9절에서는 서로 대접하기를 원망 없이 하라고 하십니다. 대접도 잘 안 하는 세상이 되어버렸고 대접을 해도 원망과 불평뿐인 세상이기도 합니다. 하지만 크리스천이라면 무엇을 바라고 대접하는 게 아니라 세상을 향해 그리스도의 마음으로 베푸는 것이 필요한 것입니다.

세상은 무언가를 바라고 대접하는 거라고 말하지만, 주님은 공짜로 대접하는 것이 기쁨이라고 말씀하십니다. 대가를 바라지 않고 즐거운 마음으로 베풀고 대접할 수 있다면 올 한해 얼마나 기쁨이 넘칠까요? 특히 가정과 교회에서 더욱더 필요한 말씀인 거 같습니다.

10절에 보면 은사를 받은 대로 재능을 가지고 봉사를 하라고 말씀하십니다. 교회에서 각자의 재능을 가지고 주님께 봉사하는 것, 귀한 일입니다. 사람은 성숙할수록 자기가 배우고 가진 것을 베풀고 나누는 것입니다. 우리는 물질에 대한 부분만을 그렇게 생각하는 경우가 많은데 물질뿐만 아니라 우리가 가진 다른 부분도 마찬가지입니다.

이 모든 것은 크리스천들이 이렇게 살았으면 하는 베드로 사도의 바람입니다. 그리고 왜 이렇게 살아야 하는 이유를 맨 마지막에 적어 놓으셨는데 우리가 다 아는 내용입니다. 바로 하나님께 영광을 돌리기 위한 것이죠. 우리가 마지막 때를 살아가면서 짧은 우리의 구원 받은 인생을 통해 값지게 살아서 하나님께 영광을 돌리려면 기도하면서, 사랑하면서, 대접하면서, 봉사하면서…. 그렇게 살았으면 좋겠다는 내용입니다.

좋은 내용이고 말씀입니다. 단, 우리가 그렇게 살 수 있다면 말입니다. 우리는 너무 우리 개인의 인생에만 관심이 많아서 하나님을 모르고 사는 세상 사람들을 바라보지 못합니다. 그 영혼들을 향한 관심이 필요합니다.

오늘 말씀에서 힌트를 얻어 보자면 한 영혼을 품고 위해서 기도하기 시작하면 하나님은 우리의 마음에 사랑과 긍휼의 마음을 심어주시게 됩니다. 그리고 그 영혼을 위해 무엇 하나 바라지 않고 대접하고 베풀게 되죠.

그러면 그 영혼 안에 복음의 씨앗이 심어지게 됩니다. 우리가 받은 근본적인 은사를 이렇게 사용하는 것이겠죠.

주님께서 원하시는 믿는 자들이 되어서 오늘 말씀처럼 살아가는 그래서 놀라운 기적과 같은 일들이 벌어지는 우리의 삶이 되기를 바랍니다.

14

절박한 상황과 거룩한 순종

가서 밀쳐 떨어뜨리고자 하되

30. 예수께서 그들 가운데로 지나서 가시니라

예수님의 광야 40일 금식이 끝나고 사단의 시험마저 끝낸 후 고향 나사렛의 회당에서 이사야의 말씀을 읽어 내리는 것으로 사역이 시작됩니다. 그런데 회중들의 마음은 동네에서 자랐던 예수님을 전혀 인정하지 않고 있었습니다. 그것을 아시고 선지자가 고향에서는 환영을 받지 못한다는 말씀을 하시게 되죠.

그리고 나서 교만하며 괘씸하기도 한 그들을 향하여 2가지 비유의 말씀을 해주십니다. 그것은 이스라엘 사람이라면 너무나 존경할만한 대선지자들인 엘리야와 엘리사 두 사람에 관한 이야기였습니다.

엘리야는 이스라엘에 수많은 과부 중에 보내심을 받지 않고 이방 땅의 과부에게 갔고 엘리사는 이스라엘에 수많은 나병 환자 중에서 고쳐 주신 게 아니라 적국의 나아만 장군을 고쳐주었다는 이야기였습니다.

이 이야기를 듣기 전에는 미쳐 이런 각도로 생각해 보지 않았던 회중들이 종교적인 반역죄로 여기며 절벽으로 예수님을 몰아가서 밀어 떨어뜨리려고 했지만, 예수님이 유유히 피하셨다는 내용이 오늘 본문 말씀입니다.

이스라엘 사람들은 선민의식이 강해서 하나님께서 자신들의 민족만 사랑하신다는 그래서 이방인들을 향한 복음과 기적을 인정하지 않는 경향이 있었습니다. 예수님은 바로 그 점을 비꼬면서 말씀하신거겠죠.

결국 하나님의 아들이신 예수님도 제대로 알아보지 못하고 인정하지 못하는 나사렛 회중들에는 역사하지 않으시고 도리어 예수님을 인정하고 알아보는 믿음 있는 이방인들에게 기적과 축복을 하시겠다는 말씀이기도 합니다.

저는 이 말씀을 보면서 왜 이스라엘에 있었던 수많은 과부와 나병 환자들에게는 기적을 행하시지 않고 도리어 하나님을 알지도 못하고 믿지도 않던 이방인 과부와 나아만에게 역사하셔서 기적을 행하셨을까 하는 의문이 들었습니다.

엘리야가 사렙다 과부의 가정을 찾아간 것은 하나님이 보내신 일이었습니다. 과부로서는 전혀 하나님의 싸인이 없었습니다. 그날도 그저 나뭇가지 몇 개 주워다가 마지막 남은 빵가루와 기름 몇 방울로 빵하나 구워 먹고 아들과 함께 자살하려고 생각하고 있다가 뜻하지 않게 엘리야를 만난 것입니다.

나아만의 경우도 우리나라로 치면 이순신 장군 같은 사람인데 문둥병에 걸려서 참 곤란한 처지에 있었던 사람입니다. 이스라엘에서 잡아온 계집종이 우연히 내뱉은 말을 믿고 죽을지도 모르는 이스라엘 나라에 들어와 한 번도 못 본 엘리사를 만나게 되는 이야기에서도 나아만에게 하나님의 싸인은 없었습니다.

둘 다 엘리야와 엘리사만 하나님의 말씀을 들었을 테고 어떻게 진행되어야 할지 알고 있었을 것입니다.

사렙다 과부는 마지막 먹고 죽으려고 생각했던 빵을 엘리야에게 양보하게 됩니다. 그것도 억지로 주장하는 엘리야의 말에 순종하면서 말이죠.

나아만의 경우도 엘리사의 불성실한 말에 억지로 순종하여 요단강에서 7번 몸을 씻고 어린아이처럼 새살이 되어 나음을 입게 됩니다.

사렙다 과부와 나아만의 상황을 비교해 보았을 때 2가지가 있었습니다. 하나는 절박한 상황입니다. 자살이라는, 죽음이라는, 더는 방법이 없다는 삶의 한계 상황에 도달했다는 것이죠.

다른 하나는 거룩한 순종입니다. 과부도 엘리야의 말에 순종하고 나아만도 엘리사의 말에 순종하였습니다. 결국 순종 이후에 역사와 기적이 일어나게 되었죠.

이스라엘에 수많은 과부와 수많은 문둥병자가 아니고 이방인 중에 믿지도 않는 이들을 택하셔서 그들에게 역사하신 이유가 절박한 상황과 거룩한 순종이었다는 것입니다.

그렇다면 오늘날 수많은 크리스천 중에서 우리에게 하나님께서 역사하시려면 우리는 어떻게 살아야 할까요? 많은 크리스천이 지금의 삶에 만족하며 평안하다, 평안하다고 외치며 신앙생활 하고 있습니다. 정말 평안할까요?

우리는 세상의 삶만을 바라보는 육적인 존재가 아닙니다. 우리는 하나님께 지음 받은 영적인 존재들이기도 합니다. 더구나 크리스천들이라면 세상 사람들과 다른 가치관을 가지고 살아야 합니다.

하나님께서 이 땅에 우리를 보내시고 짧은 인생을 살아가면서 우리가 이 땅에서 할 일은 너무나 많습니다. 우리에게 주어진 시간은 너무나 귀하고 값집니다. 그 시간에 내 육신의 평안함만을 쫓는 인생을 살아가라고 주신 게 아닙니다.

영적인 안목을 가지고 세상을 바라봐야죠. 죽어가는 영혼, 변해가는 세상, 복음이 전파되는 선교지, 봉사와 헌신, 시간을 두고 기도해야 할 사람들, 긍휼히 여기는 마음, 하나님의 마음을 닮는 사랑….

우리에게 영적인 절박함이 있는지 궁금합니다. 세상을 향한, 영혼을 향한, 하나님의 안타까운 시선을 우리도 가졌는지 말입니다. 이런 절박함이 없이는 하나님의 역사도 없습니다. 그저 안일한 삶을 사는 것입니다.

피둥피둥 살찌며 죽을 날만을 기다리는 돼지와 다를 게 없습니다. 영적인 눈을 뜨고 세상을 바라볼 수 있어야 합니다. 긍휼의 마음을 가지고 기도하며 살아야 합니다.

그리고 또 한가지, 바로 거룩한 순종이 우리 삶에 나타나야 합니다. 말씀만 많이 듣고 성경만 많이 읽고 교회도 많이 다녔지만 내 삶에 아무런 순종이 없다면 하나님의 역사도 없습니다. 기적도 없습니다.

이방인 중에 이방인이 바로 우리입니다. 하지만 우리 안에 영적인 절박함이 있다면, 거룩한 순종과 믿음이 있다면 그러면 우리의 삶은 놀랍게 변할 것이고 하나님의 역사와 기적으로 은혜와 감사가 넘치는 기쁨의 삶을 살게 될 것입니다.

세상 것만 바라보던 육적인 시선에서 영적인 것을 바라볼 수 있는 신령한 시선으로 바꾸시길 바랍니다. 하나님의 마음을 느끼시고 절박한 심정을 가지시길 바랍니다.

세상을 위해 영혼들을 위해 눈물로 기도할 수 있는 우리가 되기를 소망합니다. 하나님께서 함께 하시고 역사하실 것입니다.

15
·
·
·

하나님을 온전히 신뢰하라

민수기 11:18-23

18. 또 백성에게 이르기를 너희의 몸을 거룩히 하여 내일 고기 먹기를 기다리라 너희가 울며 이르기를 누가 우리에게 고기를 주어 먹게 하랴 애굽에 있을 때가 우리에게 좋았다 하는 말이 여호와께 들렸으므로 여호와께서 너희에게 고기를 주어 먹게 하실 것이라

19. 하루나 이틀이나 닷새나 열흘이나 스무 날만 먹을 뿐 아니라

20. 냄새도 싫어하기까지 한 달 동안 먹게 하시리니 이는 너희가 너희 중에 계시는 여호와를 멸시하고 그 앞에서 울며 이르기를 우리가 어찌하여 애굽에서 나왔던가 함이라 하라

21. 모세가 이르되 나와 함께 있는 이 백성의 보행자가 육십만 명이온데 주의 말씀이 한 달 동안 고기를 주어 먹게 하겠다 하시오니

22. 그들을 위하여 양 떼와 소 떼를 잡은들 족하오며 바다의 모든 고기를 모은들 족하오리이까

> 23. 여호와께서 모세에게 이르시되 여호와의 손이 짧으냐 네가 이제
> 내 말이 네게 응하는 여부를 보리라

이스라엘 백성은 이집트를 나온 이후 광야의 여정이 시작되고 감사보다는 불평과 원망으로 가득 찬 모습이었습니다. 처음 만나를 받을 때도 오늘 말씀처럼 불평과 원망 속에서 마지못해 받은 축복의 느낌이었는데 오늘 메추라기를 받을 때도 시작은 불평과 원망이었고 오늘 말씀의 뉘앙스도 왠지 빈정 상하신 여호와의 모습으로 보입니다.

만나를 받았을 때 처음 이스라엘 백성의 반응은 꿀송이처럼 달다였지만 시간이 조금 흐른 뒤 기름 섞은 맛이난다에서 좀 더 지난 후에는 하찮은 음식이라는 표현을 하게 됩니다. 하나님의 기적과도 같은 만나의 감격도 무뎌진 시간 앞에서 그들에게는 더는 기적이 아닌 평범한 일상이 되어 버린 것입니다.

우리가 늘 누리고 있는 주님의 수많은 은혜도 어쩌면 이렇게 되어버리진 않았는지 생각해 봐야 할 것입니다. 늘 새롭게 주님의 은혜를 누릴 수 있다면 좋겠지만 연약한 인간인지라 어쩌면 너무나 쉽게 질려 버리는 게 아닐까 싶습니다.

오늘 말씀은 모세와 하나님의 대화 내용이기도 합니다. 고기를 외치던 백성들, 그로 인해 모세와 하나님을 원망하고 불평하던 그들의 소리를

들으시고 "그래 고기 주겠다. 원 없이 코에서 냄새가 날 정도로 먹여
주겠다." 라고 약간은 빈정 상하신 하나님의 응답이 나옵니다.

왜 하나님의 마음이 상하셨을까요? 이스라엘 백성이 근본적으로
하나님을 신뢰하지 못하기 때문입니다. 어련히 알아서 다 준비하고
계획해 놓으셨을 하나님 앞에 이스라엘 백성들의 태도는 늘상 비슷한
패턴이었습니다.

이집트에서 탈출 시켜서 가나안땅까지 가기로 했을때 이미 홍해를
건너게 하실것이며 만나와 메추라기를 준비하실 계획을 가지고 계셨을
것입니다. 그리고 필요할 때마다 준비하신 것들을 베풀어 주시려고 했을
것입니다.

그런데 이스라엘 백성들은 그때마다 하나님을 기대하고 소망을 가지고
기도하고 인내하기 보다는 불평과 원망으로 늘 시작했다는 것입니다.
그들이 그럴 수 밖에 없었던 것은 바로 이집트에서 오랜 기간 동안 노예
생활을 해왔기 때문이었습니다. 주인이나 상전에게 무언가를 받거나
얻으려면 불평과 원망과 요구를 해야 가능했기 때문입니다.

이집트를 탈출해서 광야생활을 하며 하나님을 모시고 가면서도 그들은
하나님을 주인과 상전처럼 대했던 것입니다. 미덥지 못하고 준비가
안되서 늘상 요구해야 무언가를 주시는 분으로 말입니다.

하지만 하나님은 그런 분이 아닙니다. 하나님은 충분히 이스라엘

백성들을 인도하실 분이시며 충분한 능력을 가지고 계신 분이십니다.

오늘 대화 내용을 보면 모세가 재미있는 지적을 합니다. 이스라엘 백성들이 출애굽때 가지고 나온 가축떼를 다 잡아도 근처 바닷가에서 물고기를 다 잡아도 하나님이 말씀하신 것처럼 한달 동안 고기를 먹게 하려면 보행자가 60만명이나 되기 때문에 절대 불가능하다는 이야기를 하게 됩니다.

모세는 왕자 출신이며 경험이 많은 할아버지이기도 합니다. 그러니 계산이 빨랐을 것입니다. 예수님의 오병이어 기적에서도 제자들이 비슷하게 말합니다. 근처 마을들을 돌아다니며 빵을 다 사더라도 여기 있는 5천명을 먹일 수 없거니와 그 빵을 살 돈도 우리에겐 없습니다. 라고 말이죠.

우리 삶의 현실 앞에서 우리도 비슷하게 하나님께 말하곤 합니다. 내 상식과 지혜와 지식을 모두 동원하여 아무리 생각하고 또 생각해 봐도 이건 해결할 방법이 없고 돌파구도 없다 라고 불가능을 자랑하듯 떠벌립니다.

하지만 이 모든 게 가능하기 때문에 말씀하신 하나님의 마음은 어떠실까요? 원망과 불평 보다 어쩌면 더 큰 의심까지 하며 믿지 못하는 불쌍한 영혼들을 보시며 어떤 생각을 하실까요?

31. 바람이 여호와에게서 나와 바다에서부터 메추라기를 몰아 진영 곁 이쪽

저쪽 곧 진영 사방으로 각기 하룻길 되는 지면 위 두 규빗쯤에 내리게 한지라

32. 백성이 일어나 그 날 종일 종야와 그 이튿날 종일토록 메추라기를 모으니 적게 모은 자도 열 호멜이라 그들이 자기들을 위하여 진영 사면에 펴 두었더라

결국 하나님의 방법으로 메추라기를 몰아서 배터지게 한달 동안 고기만 먹게 하십니다. 원래 광야에는 철새처럼 메추라기들이 이동을 하곤 하는데 모래바람이 불면 앞이 안보이기 때문에 땅에 내려와 앉아서 쉬었다가 모래바람이 그치면 이동하곤 합니다.

그런데 그 메추라기를 모두 몰아 오신것입니다. 진영 사방으로 하룻길이라면 대략 30km 반경을 말하는 것이고 지면 위 높이 두 규빗이라면 대략 1m를 말합니다. 그러니 30km 반경에 1m 높이로 메추라기가 쌓인 것입니다.

60만명이 대략 1박2일 동안 메추라기를 잡게 되었는데 엄청난 양을 거두게 됩니다. 열 호멜은 대략 2천리터 정도 되니까 원없이 고기를 먹게 하겠다는 하나님의 말씀대로 이루어진 것입니다.

모세의 계산법으로는 분명 불가능한 일이었는데 하나님의 방법으로는 가능한 일이었던 것입니다. 우리의 생각으로는 불가능한 일이 참 많이 있습니다. 하지만 하나님의 생각과 방법은 위대하고 크십니다.

사실 하나님은 우리가 그분을 신뢰하고 온전히 의지하기를 바라실

것입니다. 불평과 원망과 의심은 아직 깊지 않은 관계를 표현하고 있습니다. 우리 영혼의 아버지가 되시는 하나님은 우리가 그분을 상벌 개념의 선생님이나 경찰이나 주인으로 인식하기 보다는 아버지로 여기시기를 원하실 것입니다.

우리 인생의 여정에서 배워야 할 것은 어쩌면 하나님과의 깊은 관계인지도 모르겠습니다. 수만가지 현실의 상황속에서 시간이 흐르면 흐를수록 깨닫게 되는 것은 하나님께서 도와주셨다.라는 믿음과 신뢰의 고백이 아닐까 싶습니다.

광야의 삶을 통해서 이스라엘 백성에게 가르치고 싶으셨던 것도 바로 신뢰의 관계였을 것입니다. 한번이라도 속 시원히 하나님을 의지하고 믿으며 그렇게 살기를 바라셨을 것입니다.

우리는 지금 하나님과 어떤 관계 속에 살아가고 있습니까? 좀 더 깊은 신뢰의 관계로 나아가야 하지 않을까요? 하나님께서 우리의 인생을 계획하시고 준비하시지 않으셨을까요? 우리보다 더 깊은 관심을 가지고 시시때때로 내 삶에 간섭하시며 기가 막힌 축복 가운데로 이끄시지 않을까요?

이 짧은 이 땅에서의 인생 여정 속에서 우리를 기가 막힌 일에 사용하시려고 계획하시고 인도하고 계신게 아닐까요? 우리의 믿음과 신앙이 성숙해지기를 기다리고 계시지 않을까요?

나보다 더 뛰어나신 하나님의 방법을 신뢰하면 좋겠습니다. 우리의 아버지 되신 하나님과 더 깊은 관계로 나아가면 좋겠습니다. 하나님께서 필요하신대로 우리를 인도하여 주실 것입니다. 이젠 진실로 믿어 볼때도 되었습니다. 하나님은 기대하시며 기다리고 계실 것입니다.

이젠 진실로 믿어 볼 때도 되었습니다. 하나님은 기대하시며 기다리고 계실 것입니다. 하나님 아버지와 더 깊은 관계로 나아가시길 바랍니다. 그리고 그분을 신뢰하시기 바랍니다.

16

.
.
.

하나님의 타이밍

요한복음 11:1-16

1. 어떤 병자가 있으니 이는 마리아와 그 자매 마르다의 마을 베다니에 사는 나사로라

2. 이 마리아는 향유를 주께 붓고 머리털로 주의 발을 닦던 자요 병든 나사로는 그의 오라버니더라

3. 이에 그 누이들이 예수께 사람을 보내어 이르되 주여 보시옵소서 사랑하시는 자가 병들었나이다 하니

4. 예수께서 들으시고 이르시되 이 병은 죽을 병이 아니라 하나님의 영광을 위함이요 하나님의 아들이 이로 말미암아 영광을 받게 하려 함이라 하시더라

5. 예수께서 본래 마르다와 그 동생과 나사로를 사랑하시더니

6. 나사로가 병들었다 함을 들으시고 그 계시던 곳에 이틀을 더 유하시고

7. 그 후에 제자들에게 이르시되 유대로 다시 가자 하시니

---

8. 제자들이 말하되 랍비여 방금도 유대인들이 돌로 치려 하였는데 또 그리로 가시려 하나이까

9.예수께서 대답하시되 낮이 열두 시간이 아니냐 사람이 낮에 다니면 이 세상의 빛을 보므로 실족하지 아니하고

10.밤에 다니면 빛이 그 사람 안에 없는 고로 실족하느니라

11.이 말씀을 하신 후에 또 이르시되 우리 친구 나사로가 잠들었도다 그러나 내가 깨우러 가노라

12.제자들이 이르되 주여 잠들었으면 낫겠나이다 하더라

13.예수는 그의 죽음을 가리켜 말씀하신 것이나 그들은 잠들어 쉬는 것을 가리켜 말씀하심인 줄 생각하는지라

14.이에 예수께서 밝히 이르시되 나사로가 죽었느니라

15.내가 거기 있지 아니한 것을 너희를 위하여 기뻐하노니 이는 너희로 믿게 하려 함이라 그러나 그에게로 가자 하시니

16.디두모라고도 하는 도마가 다른 제자들에게 말하되 우리도 주와 함께 죽으러 가자 하니라

오늘 본문은 나사로가 살아나기 전의 상황에 대한 내용입니다. 마르다와 마리아는 병든 나사로의 위급함을 보고 예수님에게 사람을 보내어 상황을 알리고 급히 오시기를 청하게 됩니다. 하지만 예수님은 이틀이나 더 유하시다가 돌아오시게 됩니다.

왜 그러셨을까요? 말씀을 통해서 함께 생각해 보는 시간이 되면

좋겠습니다.

먼저 2절에 나오는 마리아의 향유옥합 사건의 기록은 시간 순서상의 기록이라기보다는 독자들로 하여금 마리아를 단번에 이해할 수 있도록 돕기 위해서 뒤에 있을 사건을 먼저 기록한 것으로 보면 이해가 쉽습니다.

예수님과 이 남매들의 관계가 친밀한 관계였고 각별한 관계였던 거 같습니다. 그래서 더욱더 죽기 전에 예수님이 오셔서 나사로를 만나셨으면 하고 생각했을 것입니다.

아버지의 임종을 앞두고 유언을 듣기 위해서 급하게 모이는 자녀들처럼 예수님도 나사로의 위중한 병 앞에 빨리 오셔서 떠나기 전에 말씀이라도 얼굴이라도 보기를 마르다와 마리아가 원했을 거 같습니다.

하지만 예수님의 관점은 세상 사람들과 달랐습니다. 4절에 보면 예수께서 들으시고 이르시되 이 병은 죽을병이 아니라 하나님의 영광을 위함이요 하나님의 아들이 이로 말미암아 영광을 받게 하려 함이라 하시더라

예수님은 이 병이 죽을병이라기 보다는 하나님께 영광을 돌리기 위한 병이라고 말씀하십니다. 마르다, 마리아나 세상 사람들은 이해하기 힘든 예수님의 말씀입니다.

이 부분을 병이 아니라 우리가 겪고 있는 사람들과의 관계에 대한 문제라든지, 물질에 대한 걱정이라든지, 삶의 여러 가지 고민과 현실에서 겪게 되는 문제라고 본다면 기가 막힌 예수님의 관점을 더 깊이 느끼게

됩니다.

마리아 자매들처럼 우리의 급한 문제 앞에 예수님이 나타나셔서 빨리 해결해 주시기를 구하곤 합니다. 왜 응답이 없고 대답이 없는지 답답해 할 때가 많습니다. 주님은 손가락만 움직이셔도 문제를 해결하실 수 있으실 텐데 왜 조용하신지 이해가 안 될 때가 있습니다.

이렇게 조급한 우리들의 관점은 세상적인 관점입니다. 하지만 주님은 이미 이 사건과 문제로 인하여 우리의 믿음과 신앙이 성장하고 하나님께 영광과 감사를 돌리게 될 것이라는 관점으로 바라보고 계실 것입니다.

나의 연약함, 우리의 어려움, 많은 문제가 도리어 하나님께 영광과 감사를 드리게 되는 결정적인 계기가 될 것입니다. 이런 믿음의 관점을 갖게 된다면 우리는 깊은 평안함으로 세상을 살아가게 될 것입니다.

결국, 합력하여 선을 이루게 될 것이라는 말씀에 머리를 끄덕이게 될 것입니다. 내 인생에 일어나는 수많은 일이 그저 우연이 아니라는 사실에 다시 한 번 놀라고 감사하게 될 것입니다.

그렇다면 예수님은 왜 성경에도 기록이 안 될 정도로 별다른 이유 없이 이틀을 더 유하시면서 기다리셨을까요? 그것은 유대인들의 장례 문화에 대한 부분과 연관이 있습니다. 유대인들은 사람이 죽으면 3일간은 영혼이 그 주위를 머물다가 4일이 되면 완전히 떠나서 그때야 정말 죽었다고 여기는 문화가 있었습니다.

우리나라도 삼일장을 지내는데 비슷한 의미가 있다고 봐야 할 것입니다. 그런데 예수님이 나사로의 무덤 앞에 서게 되었을 때는 나흘째 되던 날이었다고 기록되어 있습니다. 그러니 유대인들이 생각하기에 나흘째는 나사로의 영혼조차 떠나고 완전히 죽었다라고 여길 수 있는 절망의 시간이었을 것입니다.

예수님은 가장 최대의 효과가 나타날 수 있는 그런 타이밍에 나사로를 살려 내신 것입니다. 홍해 바다를 가를 때도 밤새 동풍이 불고 환한 낮에 바다를 갈라주셨고 오병이어 사건으로 5천 명 정도 이상은 모여 있어야 배불리 먹고 12 광주리가 남았으며 가나 혼인 잔치에서는 술이 다 떨어지고 나서야 기가 막힌 상급 포도주를 만들어 내셨으니 그분의 타이밍은 정말 최고의 클라이맥스라고 봐야 할 것입니다.

우리 인생에도 동일한 주님의 타이밍이 있을 것입니다. 우리는 지금 당장이라고 외치고 싶겠지만, 주님은 최고의 타이밍을 기다리고 계십니다. 주님을 믿는다면 신뢰함으로 살아야 할 것입니다.

그 이후로 제자들에게 비유로 말씀해 주시고 나서 이해하지 못하는 제자들을 위해 풀어서 또 말씀해 주시기도 합니다. 예수님은 제자들이 연단되고 성장하기를 원하셨습니다.

만일 예수님이 모든 것을 다 해버리신다면 제자들은 관람객으로 끝났을 것입니다. 제자가 된다는 것은, 스승을 닮고 성장하는 것입니다. 성장이라는 것은 함께 고민하고 경험하고 수고해 보아야 합니다. 보기만 하고 듣기만 해서는 자기 것이 될 수 없습니다.

예수님은 기적을 행하시기 전에 제자들에게 자주 물어보시곤 하셨습니다. 함께 고민하도록, 함께 기도하도록 요청하셨다는 것입니다. 그렇게 하면서 제자들이 조금씩 성장할 수 있었습니다.

우리의 인생도 마찬가지입니다. 우리도 인생의 문제를 놓고 고민하고 기도하는 시간을 가져야 합니다. 그 문제 때문에 밤잠을 설쳐봐야 믿음이 성장하게 됩니다. 내 인생에 여러 가지 문제와 어려움을 주님의 관점인 연단과 성장으로 본다면 감사와 소망이 넘칠 것입니다.

이 모든 게 하나님께 영광되게 하시려고 계획하신 일이기 때문입니다. 믿음의 눈을 떠서 나의 삶을 바라보면 기쁨과 평안함이 넘치게 될 것입니다.

17

.
.
.

믿을수록 역사하시는 하나님

요한복음 11:17-27

17. 예수께서 와서 보시니 나사로가 무덤에 있은 지 이미 나흘이라

18. 베다니는 예루살렘에서 가깝기가 한 오리쯤 되매

19. 많은 유대인이 마르다와 마리아에게 그 오라비의 일로 위문하러 왔더니

20. 마르다는 예수께서 오신다는 말을 듣고 곧 나가 맞이하되 마리아는 집
    에 앉았더라

21. 마르다가 예수께 여짜오되 주께서 여기 계셨더라면 내 오라버니가 죽지
    아니하였겠나이다

22. 그러나 나는 이제라도 주께서 무엇이든지 하나님께 구하시는 것을 하나
    님이 주실 줄을 아나이다

23. 예수께서 이르시되 네 오라비가 다시 살아나리라

24. 마르다가 이르되 마지막 날 부활 때에는 다시 살아날 줄을 내가 아나이다

25. 예수께서 이르시되 나는 부활이요 생명이니 나를 믿는 자는 죽어도 살겠

> 고
>
> 26. 무릇 살아서 나를 믿는 자는 영원히 죽지 아니하리니 이것을 네가 믿느냐
> 27. 이르되 주여 그러하외다 주는 그리스도시요 세상에 오시는 하나님의 아
>   들이신 줄 내가 믿나이다

예수님은 나흘째가 되어서야 나사로 가정에 찾아오셨습니다. 지난주에 나누었던 하나님의 기가 막힌 타이밍을 기억하시면 될 거 같고요. 때마침 많은 유대인이 3km 정도 떨어진 베다니에 나사로 가정으로 위문하러 모이게 되었습니다. 주님께서 기적을 일으키실 타이밍에 딱 맞게 준비가 된 것처럼 보입니다.

21절에서 마르다는 예수님이 여기에 계셨더라면 내 오라버니가 죽지 아니하였을 것이라고 말합니다. 어찌 보면 맞는 말 같기도 하지만 그렇지 않습니다. 마르다의 신앙적인 수준을 적나라하게 보여주는 부분입니다.

사실 예수님이 계셨다고 해서 모든 것이 완벽해 지는 것은 아닙니다. 아무 문제도 없고 위급함도 없는 곳이라면 사실 예수님이 계실 필요도 없을지 모릅니다. 풍랑에 배가 전복될 위기 가운데 예수님은 뱃머리에서 주무시고 계셨고, 5천 명이 배고파 할 때도 거기 계셨으며 포도주가 떨어진 가나 혼인 잔치에도 예수님은 계셨습니다.

십자가를 지시기 위해서 기도하시던 그 날 밤에도 예수님이 계셨

지만, 로마 병정들에게 잡혀가시기도 했고 예수님이 계셨지만 때로는 유대인들에게 신성모독 죄로 인하여 벼랑 끝으로 밀려가시기도 했습니다.

예수님만 믿으면 아무 문제 없고 모든 게 평온할 거라고 생각하는 것은 초보적인 믿음입니다. 욥은 하나님을 잘 믿었지만, 그의 삶에는 풍파와 고난투성이였습니다. 예수님을 믿고 있는 우리네 삶도 그리 온전한 게 아님을 각자가 너무나 잘 알고 있을 것입니다.

예수님이 계셨더라면 나사로는 죽지 않았을까요? 나사로가 죽은 것을 두고 예수님은 하나님께 영광 돌리게 될 사건이라고 보셨을까요? 우리에게 일어나는 고통과 어려움과 힘듦은 사실 우리가 더더욱 예수님을 의지하게 하곤 합니다.

문제 때문에 아파하기도 하지만 그러면서 하나님을 더 의지하고 기도하게 되며 고통 가운데 고독 중에서 하나님을 찾게 되고 만나게 되더라는 것입니다.

우리 삶에 예수님이 있다고 해서 내가 겪는 수고와 고통이 사라지는 게 아니라 고통과 어려움 속에서 의지할 분이 계시기 때문에 충분히 견디고 이겨낼 수 있게 되는 것입니다.

우리의 믿음을 연단시키고 성품을 성숙하게 하시고 천국 백성과 같은 마음이 되도록 우리를 준비시키시는 이 땅에서의 삶의 과정을 인지해야 합니다. 믿는 사람이나 안 믿는 사람이나 똑같이 머리 위에 구름이 지나가고 비가 내리는 것입니다.

이런 초보적인 신앙과 믿음을 가지고 있는 마르다에게 예수님은 몇 가지 이야기를 하십니다. 나사로가 살아날 것이라고 잠깐 뒤에 일어날 기적을 복선처럼 말씀해 주십니다. 하지만 마르다는 전혀 이해하지 못하고 있습니다.

인간의 상식을 벗어나고 세상의 지식을 뛰어넘고 상황을 초월하여 하나님의 은혜로 기적이 일어나는 것입니다. 믿음이 성숙하지 못한 마르다가 듣기에는 당연히 이해할 수 없는 말이었을 것입니다.

예수님은 병을 고쳐 주기 전이나 기적을 일으키기 전에 믿음이 있는지 물어보시곤 하셨습니다. 오늘 이 사건에서도 똑같이 물어보십니다.

25.예수께서 이르시되 나는 부활이요 생명이니 나를 믿는 자는 죽어도 살겠고
26.무릇 살아서 나를 믿는 자는 영원히 죽지 아니하리니 이것을 네가 믿느냐

어쩌면 우리에게 물어보시는거 같기도 합니다. 정말 믿고 있느냐? 상황을 뒤집고 상식을 뛰어넘어 응답하리라는 것을 믿을 수 있느냐? 너는 정말로 나를 믿느냐? 라고 말입니다.

거기에 뒤 이은 마르다의 대답은 아주 엄청납니다.

27.이르되 주여 그러하외다 주는 그리스도시요 세상에 오시는 하나님의 아들이신 줄 내가 믿나이다

이 대답은 많이 봤던 대답입니다. 바로 베드로가 대답했던, 예수님이 제자들에게 사람들이 나를 누구라고 하느냐? 라고 물었을 때 그때 나왔던 대답과 너무나 흡사합니다.

그때 예수님이 베드로에게 하신 말이 있습니다. 그 대답을 하게 하신 이는 성령님이시다 라는 것이었습니다. 오늘 초보적인 신앙을 가지고 있던 마르다에게도 동일하게 역사하신 분은 성령님이신 거 같습니다.

그리고 이 믿음의 대답으로 인하여 예수님은 나사로를 기적처럼 무덤에서 나오게 하시는 역사를 일으키십니다.

우리의 삶에도 주님은 동일하게 역사하실 것입니다. 우리에게 동일하게 물으시겠죠. 너는 정말로 나를 믿고 있느냐? 너의 삶을 놀랍게 변화시키고 새롭게 하실 하나님을 믿느냐? 세상의 상식을 뛰어넘는 기가 막힌 비전으로 이끄실 하나님을 믿느냐?

그때 성령께서 우리의 마음을 주장하셔서 "주님 믿습니다. 진심으로 진정으로 하나님께서 내 삶에 역사하실 줄로 믿습니다." 라고 대답할 수 있는 우리가 되기를 바랍니다.

우리의 인생은 그저 뻔한 인생이 아닙니다. 세상 사람들이 그려 놓은

그럭저럭 한 스토리로 그려질 인생이 아닙니다. 하나님께서 세밀하게 그려놓으신 놀라운 청사진이 우리 앞에 놓여 있습니다. 문제는 우리가 하나님을 얼마나 믿을 것인지, 신뢰할 것인지의 문제입니다.

우리의 삶에도, 가정에도, 교회에도 하나님께서 놀라운 계획을 실현해 가시기를 기도합니다. 그리고 무엇보다 먼저 우리가 하나님을 믿기를 바랍니다. 기쁨과 감격 속에 감사할 날들을 기대해 봅니다. "결국 하나님이 하셨습니다. 은혜입니다." 라고 고백할 날들을 말입니다. ^^

18

::

예수님이 그리시는 큰그림

요한복음 11:28-44

28. 이 말을 하고 돌아가서 가만히 그 자매 마리아를 불러 말하되 선생님
    이 오셔서 너를 부르신다 하니

29. 마리아가 이 말을 듣고 급히 일어나 예수께 나아가매

30. 예수는 아직 마을로 들어오지 아니하시고 마르다가 맞이했던 곳에
    그대로 계시더라

31. 마리아와 함께 집에 있어 위로하던 유대인들은 그가 급히 일어나 나가
    는 것을 보고 곡하러 무덤에 가는 줄로 생각하고 따라가더니

32. 마리아가 예수 계신 곳에 가서 뵈옵고 그 발 앞에 엎드리어 이르되 주께
    서 여기 계셨더라면 내 오라버니가 죽지 아니하였겠나이다 하더라

33. 예수께서 그가 우는 것과 또 함께 온 유대인들이 우는 것을 보시고 심
    령에 비통히 여기시고 불쌍히 여기사

34. 이르시되 그를 어디 두었느냐 이르되 주여 와서 보옵소서 하니

---

35. 예수께서 눈물을 흘리시더라

36. 이에 유대인들이 말하되 보라 그를 얼마나 사랑하셨는가 하며

37. 그 중 어떤 이는 말하되 맹인의 눈을 뜨게 한 이 사람이 그 사람은 죽지 않게 할 수 없었더냐 하더라

38. 이에 예수께서 다시 속으로 비통히 여기시며 무덤에 가시니 무덤이 굴이라 돌로 막았거늘

39. 예수께서 이르시되 돌을 옮겨 놓으라 하시니 그 죽은 자의 누이 마르다가 이르되 주여 죽은 지가 나흘이 되었으매 벌써 냄새가 나나이다

40. 예수께서 이르시되 내 말이 네가 믿으면 하나님의 영광을 보리라 하지 아니하였느냐 하시니

41. 돌을 옮겨 놓으니 예수께서 눈을 들어 우러러 보시고 이르시되 아버지여 내 말을 들으신 것을 감사하나이다

42. 항상 내 말을 들으시는 줄을 내가 알았나이다 그러나 이 말씀 하옵는 것은 둘러선 무리를 위함이니 곧 아버지께서 나를 보내신 것을 그들로 믿게 하려 함이니이다

43. 이 말씀을 하시고 큰 소리로 나사로야 나오라 부르시니

44. 죽은 자가 수족을 베로 동인 채로 나오는데 그 얼굴은 수건에 싸였더라 예수께서 이르시되 풀어 놓아 다니게 하라 하시니라

나사로의 기적사건에 대한 말씀을 3주에 걸쳐서 나누고 있습니다. 오늘 말씀에서도 역시 우리가 깨달아야할 내용들이 있습니다. 32절에 보면 마리아도 마르다가 했던 말과 똑같은 말을 하고 있습니다. 예수님이

여기 계셨더라면 나사로가 죽지 않았을 것이라는 말입니다. 유대인들도 37절에서 나사로를 죽지 않게 할 수 없었는가? 하고 한탄하기도 합니다.

인간의 생각과 관점의 한계를 너무나 여실히 보여주고 있는 대목이기도 합니다. 죽기 전에 왔었어야 한다는 것입니다. 이젠 다 끝났기 때문에 이제 울어봐야 아무 소용없다는 뜻이기도 합니다.

예수님이 나사로를 다시 살려내실 계획이신데 그것을 전혀 모르고 판단하고 지적하고 있습니다. 각자 자기의 소견대로 말이죠. 죽기 전에 살려낸 것과 완전히 죽은 후에 살려낸 것은 완전히 다른 파급효과가 있었을 것입니다. 그리고 예수님의 계획은 사람들의 상식을 넘어서는 것이었습니다.

우리의 관점, 우리의 시야, 우리의 생각…. 인간의 생각일 뿐입니다. 하나님은 우리보다 더 큰 관점과 계획을 가지고 계실 것입니다. 그렇다면 그 하나님을 기대하는 쪽이 더 좋지 않을까요? 예수님이 무덤 앞에서 돌을 옮겨놓으라고 말씀하십니다. 이것을 우리나라식으로 해석하자면, 삼일장을 끝내고 관에 넣어 무덤에 매장했는데 지금 예수님이 오셔서 무덤을 파고 관뚜껑을 열라고 하시는 꼴입니다.

더구나 사람들은 예수님이 나사로를 살리실 것이라는 것에 대해서는 전혀 모르고 있습니다. 어디 남의 무덤에 와서 행패를 부리고 있냐? 라며 쫓아낼지도 모를 결례인 것입니다. 돌을 옮기라는 말을 듣고 유가족 중에 마르다가 말합니다.

"예수님 이미 나흘이나 지나서 시체 썩는 냄새가 진동합니다. 죽은 게 확실한데 어디 돌문을 열어서 봐야겠습니까?" 그러자 예수님께서 "마르다야 네가 믿으면 하나님의 영광을 보리라 하지 아니하였느냐." 라고 말씀하십니다.

말로만 고백하고 믿음 있는 것처럼 했던 마르다의 한계입니다. 겉으로는 믿는다고 해놓고 결국 무덤 앞에서 자신의 믿음 수준을 여실히 보여주고 있는 것입니다. 어쩌면 우리와 너무나 비슷한 부분이 있습니다. 믿는다고 말해놓고 눈물 흘리며 기도해 놓고 삶의 현장에서는 딴소리를 하고 있는 것입니다.

예수님은 돌문을 옮기는데 굳이 마르다에게 협조를 요청하지 않아도 하실 수 있는 분이지만 항상 사람들의 믿음이나 행동을 요구하시고 함께 역사하시는 것을 볼 수 있습니다.

하나님이 모든 것을 다 처리해 버리시는 게 아닙니다. 우리가 할 부분을 요구하십니다. 그래서 함께 역사를 만들어 내는 것을 즐기십니다.

"나사로야 나오라." 라고 말씀한 본문의 원문에는 나사로야 이쪽으로, 나사로야 밖으로, 이렇게 동사는 빠진 채로 기록되어 있습니다. 나사로도 이 기적에 참여하도록 요구하시는 것입니다. 마르다의 작은 믿음의 동의로 돌문이 옮겨지고 나사로의 동의로 무덤에서 살아 나오게 되는 이런 기적이 이루어지는 것입니다.

그리고 이 기가 막힌 기적이 이루어지고 난 이후에 비로소 종교 지도자들이 예수님을 죽일 계획을 세우게 되었으니 십자가의 길로 한 걸음 더 다가서게 되신 것입니다.

그리고 이 일로 인하여 많은 유대인이 예수님을 믿게 되었습니다. 나사로가 죽기 전에 병 고침을 받은 것보다는 죽은 후에 다시 살아나는 기적을 체험하는 쪽이 예수님이 계획하신 큰 그림이었다는 것을 후에 깨닫게 됩니다.

우리의 인생에서도 주님은 우리가 못 보는 큰 그림을 계획하고 계십니다. 그리고 우리의 믿음과 행동을 요구하십니다. 로봇처럼 명령하는 게 아니라 사람으로 사랑하는 관계 속에서 놀라운 일들을 이루어 나가십니다.

하나님에 대한 신뢰와 믿음으로 인하여 우리 삶에 대해 기대하는 마음으로 살기를 바랍니다. 평안함과 감사함으로 살아가는 우리가 되기를 바랍니다.

19

·
·
·

떨기나무 같은 우리들

출애굽기 3:1-5

1. 모세가 그의 장인 미디안 제사장 이드로의 양 떼를 치더니 그 떼를 광야 서쪽으로 인도하여 하나님의 산 호렙에 이르매

2. 여호와의 사자가 떨기나무 가운데로부터 나오는 불꽃 안에서 그에게 나타나시니라 3.그가 보니 떨기나무에 불이 붙었으나 그 떨기나무가 사라지지 아니하는지라 이에 모세가 이르되 내가 돌이켜 가서 이 큰 광경을 보리라 떨기나무가 어찌하여 타지 아니하는고 하니 그 때에

4. 여호와께서 그가 보려고 돌이켜 오는 것을 보신지라 하나님이 떨기나무 가운데서 그를 불러 이르시되 모세야 모세야 하시매 그가 이르되 내가 여기 있나이다

5. 하나님이 이르시되 이리로 가까이 오지 말라 네가 선 곳은 거룩한 땅이니 네 발에서 신을 벗으라

모세는 어렸을 때 부모님과 이별을 해야 했고 이집트의 왕자로 살았지만, 나이가 들어서 자신의 민족성과 정체성을 알게 되었습니다. 그리고 자기 민족이 노예로 고통받는 것을 참지 못해 이집트인을 죽이게 됩니다. 결국, 책임질 수가 없어서 광야로 도망가게 됩니다. 그리고 이드로의 양 떼를 돌보며 십보라와 결혼하여 살게 됩니다.

처음 40년은 이집트에서 왕자로 화려한 삶을 살았지만 마음과 생각은 정체성과 민족성으로 인해 불편하게 보냈을 것입니다. 이후 40년은 이드로의 양 떼를 돌보며 자신의 과거를 숨긴 채 무명인으로 살았습니다. 80세의 모세는 이드로의 양 떼를 생명과 같이 열심히 돌보는 목동이 되어 있었습니다. 이제 인생의 황혼기에 접어든 모세에게 그때서야 비로소 나타나시게 됩니다.

모세는 광야 끝까지 양 떼를 인도하여 풀을 먹일 만큼 아끼는 마음으로 최선을 다하는 삶을 보내고 있었습니다. 마치 요셉이 보디발의 집에서 노예로 있을 때와 비슷해 보입니다. 자기 일에 주인 같은 마음으로 최선을 다한 것이죠.

그리고 떨기나무에 여호와의 사자가 나타나게 됩니다. 모세는 양을 치면서 앞으로 가고 있는데 떨기나무에 붙은 불을 보게 된 것입니다. 광야에 낮의 열기가 올라가면서 떨기나무에 불이 붙는 장면은 그동안 익숙하게 보던 장면이었을 것입니다. 하지만 이번에는 좀 달랐습니다. 불길이 맹렬한데도 떨기나무는 그대로 있는 것이었습니다. 연기도 나지 않고 색깔도 그대로입니다.

모세의 상식으로는 이해가 가지 않는 장면입니다. 그래서 그 광경을 가까이서 보고자 가던 길을 돌이켜서 떨기나무 쪽으로 가게 됩니다. 그가 가던 길을 돌이켜서 하나님께 나아가는 것입니다.

우리도 우리의 바쁜 일상에서 돌이켜 주님께로 발걸음을 옮길 수 있어야겠습니다. 모세를 너무나 잘 아시는 주님께서 모세의 영적인 호기심을 자극하여 콜링하게 된 것입니다.

모세는 어렸을 때도, 장년일 때도 하나님을 만나거나 대화한 적이 없었습니다. 모세의 부모님이 계시를 받고 믿음이 뛰어났던 것이지 모세는 그런 게 없었습니다. 오죽하면 사람을 죽이고 시체를 묻을 정도로 안하무인이었을까요? 하나님을 제대로 믿는 사람이라면 그렇게까진 아니었을지도 모르겠습니다.

주님은 모세의 인생에서 제일 끝자락에 모세를 부르시고 만나 주셨습니다. 그리고 그것으로 끝이 아니라 부르신 이유가 있었습니다. 이제 하나님의 비전을 모세에게 주시고 그것을 함께 이루어 나가시게 됩니다.

모세가 떨기나무를 향해서 돌이켜 걸어갈 때에 하나님께서 모세를 부르십니다. 드디어 음성을 듣게 되나요? 그리고 거룩한 땅이니 신발을 벗으라고 합니다.

하나님이 계신 곳은 거룩한 곳이 됩니다. 모세의 신발은 여러 가지 모양으로 더러웠을 것입니다. 그 당시 종들은 신발을 신지 않았습니다. 하나님 앞에서 모세는 신발을 신고 있을 위치가 아니었습니다. 하나님 앞에 가까이 섰을때 드디어 하나님께서 450년이 넘도록 준비하신 이스라엘이라는 나라를 세울 계획, 그 큰 비전을 모세와 함께 나누게 됩니다. 그리고 그 비전을 결국 모세를 통하여 이루십니다.

우리도 모세처럼 우리의 인생을 바쁘게 살고 있진 않습니까? 내 비전과 계획과 꿈만을 바라보며 거기에 매여 살고 있진 않습니까? 내 발걸음을 돌이켜야 할 때가 왔습니다.

그동안 알면서도 돌이킬 타이밍만 찾고 있었던 우리에게, 어쩌면 늘 변명만 늘어놓고 세상과 타협만 하고 있던 우리에게, 주님은 오늘도 또 말씀하십니다. 이제 돌이켜서 주님께로 오라고 말입니다.

주님께서 가지고 계신 큰 비전을 함께 나누고 기도하며 함께 이루어가자고 말입니다. 우리의 상식과 지식을 뛰어넘는 하나님께서 우리의 손을 잡고 함께 걸어가려고 하십니다.

광야의 떨기나무에 불이 붙어서 활활 타버리고 재가 되어 끝나버리는 그런 인생을 우리가 살아가고 있습니다. 그런데 그런 떨기나무 같은 우리에게 하나님께서 찾아오셔서 성령의 불로 활활 타오르게 하시고 함께 비전을 나누게 하십니다.

그 속에 있는 떨기나무는 전혀 상하지 않게 보호하시며 영원히 빛나는 존재로 만들어 주실 것입니다. 하나님께서 함께하자고 손을 내미십니다. 그 손을 잡고 하나님과 함께 꿈과 비전을 이루어내는 우리가 되기를 소망합니다.

 민족과 열방을 살리고 참가치가 있는 일에 귀하게 쓰임 받는 우리가 되기를 바랍니다.

20

기쁨의 열매를 맺는 인생

요한복음 15:1-11

1. 나는 참포도나무요 내 아버지는 농부라

2. 무릇 내게 붙어 있어 열매를 맺지 아니하는 가지는 아버지께서 그것을 제거해 버리시고 무릇 열매를 맺는 가지는 더 열매를 맺게 하려 하여 그것을 깨끗하게 하시느니라

3. 너희는 내가 일러준 말로 이미 깨끗하여졌으니

4. 내 안에 거하라 나도 너희 안에 거하리라 가지가 포도나무에 붙어 있지 아니하면 스스로 열매를 맺을 수 없음 같이 너희도 내 안에 있지 아니하면 그러하리라

5. 나는 포도나무요 너희는 가지라 그가 내 안에, 내가 그 안에 거하면 사람이 열매를 많이 맺나니 나를 떠나서는 너희가 아무 것도 할 수 없음이라

6. 사람이 내 안에 거하지 아니하면 가지처럼 밖에 버려져 마르나니 사람

들이 그것을 모아다가 불에 던져 사르느니라

7. 너희가 내 안에 거하고 내 말이 너희 안에 거하면 무엇이든지 원하는
대로 구하라 그리하면 이루리라

8. 너희가 열매를 많이 맺으면 내 아버지께서 영광을 받으실 것이요
너희는 내 제자가 되리라

9. 아버지께서 나를 사랑하신 것 같이 나도 너희를 사랑하였으니 나의
사랑 안에 거하라

10. 내가 아버지의 계명을 지켜 그의 사랑 안에 거하는 것 같이 너희도
내 계명을 지키면 내 사랑 안에 거하리라

11. 내가 이것을 너희에게 이름은 내 기쁨이 너희 안에 있어 너희 기쁨을
충만하게 하려 함이라

오늘 말씀은 예수님께서 제자들에게 하신 비유의 내용입니다. 예수님은 당시에 여러 가지 비유를 들어 설명을 많이 하셨는데요. 그렇게 해야 이해하기가 쉬울 거 같아서였습니다. 철저히 듣는 사람들을 위해서였죠.

그런데 지금의 우리는 비유만 나오면 더 복잡하고 이해하기 힘들어 하는 거 같네요. 괜히 상징을 찾고 신비주의적인 해석을 하는 것보다는 쉽게 말씀을 보는 편이 예수님의 의도대로 잘 보는 게 아닐까 생각해 봅니다.

예수님과 제자들이 포도원 주변에 있을 때 바라보시며 이 비유의

말씀을 하셨을 거 같습니다. 예수님 자신을 참 포도나무라고 표현하시고 하나님을 농부에 비유하십니다.

열매를 맺지 않는 가지는 제거하시고 열매를 맺는 가지는 깨끗하게 하여 더 열매를 맺도록 하신다는 게 2절에 나옵니다. 열매를 맺을 수 있는가? 맺을 수 없는가? 그리고 열매를 맺는다면 더 깨끗하고 성결케 하셔서 열매를 더 많이 맺도록 하신다는 것입니다.

열매는 뒤에도 설명이 나오지만, 우리가 주님을 믿게 되면서 자연스레 생기는 열매들을 말씀하시는 거라고 보시면 됩니다. 그러면 어떻게 깨끗해지는 건가?

3절에 보면 예수님이 제자들에게 너희는 이미 내 말로 인하여 깨끗해졌다고 나오니 결국 주님의 말씀으로 깨끗해진다는 걸 알 수 있습니다.

말씀으로 우리의 생각이 깨끗해지고 가치관이 변하고 삶의 목적이 새롭게 된다는 것이지요. 그러니 점점 열매를 많이 맺을 수밖에 없습니다.

여기까지는 아주 쉽게 이해할 수가 있습니다. 단, 문제는 그러면 교회를 오래 다니고 주님을 수년 동안 믿은 나는 왜 열매가 없을까? 라는 부분에 도달합니다. 그때 4절에서 바로 명쾌히 답변해 주고 있습니다.

4. 내 안에 거하라 나도 너희 안에 거하리라 가지가 포도나무에 붙어 있지

아니하면 스스로 열매를 맺을 수 없음 같이 너희도 내 안에 있지 아니하면 그러하리라

저는 여기서 '스스로 열매를 맺을 수 없음' 이라는 부분에 주목하게 되었습니다. 교회를 오래 다녔어도 주님을 믿는다고 고백했어도 우리의 힘만으로는, 스스로는 열매를 맺을 수가 없다고 말씀하고 있습니다.

많은 크리스천의 고민에 정확한 답을 주고 계십니다. 가만히 생각해 보면 우린 자신의 힘으로 열매를 맺고자 했습니다. 내 생각과 내 힘으로 내 성격이나 가치관이나 상황을 바꾸려고 노력했던 것입니다.

주님은 이 점을 너무나 콕 찍어 말씀하고 계십니다. "네 힘으론 절대로 안 된다. 그건 여태까지 살아봐서 너무 잘 알지 않니?" 라고 말입니다. 우린 스스로 완전해 질 수도 없으며 우리 힘으로 성숙해지기도 어렵습니다.

내 힘으로는 사랑하기도 어렵고 선교하기도, 봉사하기도, 기도하기에도, 남을 돕기에도, 긍휼한 마음을 가지기도, 신앙인으로 살아가는 것 조차도 힘에 벅찹니다. 다른 이들의 눈에 좋게 보이기 위한 가식적인 노력도 시간이 지나면 밑바닥이 드러나게 됩니다.

그러면 도대체 3절까지 말씀하신 그 자연스러운 열매 맺음은 도대체 어떻게 나타날 수 있을까요? 그런 사람이 있긴 한 건가요? 역시 그 대답도 5절에 명쾌하게 나와 있습니다.

5. 나는 포도나무요 너희는 가지라 그가 내 안에, 내가 그 안에 거하면 사람이 열매를 많이 맺나니 나를 떠나서는 너희가 아무것도 할 수 없음이라

어떻게 해야 열매를 많이 맺을 수가 있나요? 바로 주님 안에 거하라는 것입니다. 동행하라는 것이며 함께 하라는 것입니다. 매 순간 주님과 동행함을 느끼라는 것입니다. 그렇다면 자연스레 우리의 생각과 행동이 조금씩 변화되게 되고 자연스레 열매를 맺게 될 거라는 거지요.

우리 힘으로 열매 맺는 게 아닙니다. 주님을 떠나서는 아무것도 할 수 없을 거라고 친절하게 설명해 주셨네요. 열매는 내 힘으로 맺는 게 아닙니다. 주님과 동행하는 믿음 안에서 자연스레 맺히게 되는 것이죠.

이 부분을 저는 믿음이라는 단어로 정의하려고 합니다. 우리가 주님과 동행한다는 것을 주님을 향한 신뢰, 믿음이라고 봐야 한다는 것이죠. 그러면 믿음이 있는 사람은 자연스레 열매를 맺게 된다는 것이죠. 또 그 믿음에 관한 이야기가 나오고 말았습니다. 믿음 빼면 시체죠.
자 그러면 예수님이 뒤이어 무슨 말씀들을 하셨는지 보겠습니다.

6. 사람이 내 안에 거하지 아니하면 가지처럼 밖에 버려져 마르나니 사람들이 그것을 모아다가 불에 던져 사르느니라

주님을 믿지 않는 사람들에 관한 이야기군요 사람들이 되어 그들의 인생을 쓸데없는 일에 낭비하고 활활 타오르다가 끝나는군요. 마음도 생각도 메말라 버려서 긍휼이나 사랑과는 거리가 멀어진 것처럼 보이네

요.

7. 너희가 내 안에 거하고 내 말이 너희 안에 거하면 무엇이든지 원하는 대로 구하라 그리하면 이루리라

주님 안에 거한다는 것을 믿음으로 본다면 믿음을 가지고 무엇이든지 원하는 대로 구하면 다 이루어주신다는 내용이 됩니다. 그러나 이 말씀만 붙들고 만병통치약처럼 써먹는 건 안되겠습니다.

왜냐하면 이 말씀 안에 숨어 있는 전제는 주님 안에 거한다는 것이기 때문에 우리가 기도하는 내용조차도 이기적인 욕심이 아닌 공의적인 사랑과 긍휼의 내용이라는 것이죠.

믿음 있는 사람의 그런 기도에 왜 응답하시지 않겠습니까? 뭐든지 주님 뜻에 맞게 기도할 테니 당근 응답해 주시겠지요.

그렇다면 왜 열매를 많이 맺어야 하는 걸까요? 자본주의 사회처럼 무슨 결과를 많이 만들어내야 하는 것도 아닐 텐데 말이죠. 그다음 말씀을 보기로 하죠.

8. 너희가 열매를 많이 맺으면 내 아버지께서 영광을 받으실 것이요 너희는 내 제자가 되리라

우리가 열매를 많이 맺는 건 믿음이 있는 사람이라면 주님 안에서 자연스레 되는 것인데 거기엔 2가지 혜택이 있네요. 첫째는 우리의

열매들로 인하여 하나님께 영광이 돌아간다는 것이고, 둘째는 주님의 제자가 된다는 것입니다. 그러니 열매를 많이 맺을 만 하네요.

주님을 믿는 믿음 안에서 했던 내 말과 행동으로 인하여 결국 하나님이 영광을 받으신다는 것입니다. 그리고 우리는 자연스레 주님의 제자가 되는 것이지요. 우리 인생의 목적을 다시 한 번 말씀하고 계십니다. 내 영광이 아닌 하나님께 영광되는 것이지요.

9. 아버지께서 나를 사랑하신 것 같이 나도 너희를 사랑하였으니 나의 사랑 안에 거하라

이 말씀을 통해서 우리가 맺어야 할 열매에 대해서 다시 한 번 생각하게 됩니다. 우리는 결국 사랑의 열매를 맺어야 합니다. 주님이 베풀어주신 사랑, 그 사랑을 나누어야 하지요. 사랑의 마음으로 기도하고 섬기고 봉사하고 그렇게 살아가는 것이 하나님께 영광되는 것입니다.

10. 내가 아버지의 계명을 지켜 그의 사랑 안에 거하는 것 같이 너희도 내 계명을 지키면 내 사랑 안에 거하리라

예수님은 하나님의 계명을 지키는 것이 하나님의 사랑 안에 거하는 것이라고 하셨습니다. 사랑하는 사람이 했던 말을 지키는 것이 그 사람을 사랑하는 것입니다. 그리고 그 사랑 안에 거하는 것이라고 말씀하십니다. 우리도 주님의 말씀을 지키며 순종하며 살아야겠습니다.

여기까지를 사랑이라는 단어로 정리해 봅니다. 그러면 믿음과 사랑이라는 단어가 남게 되겠죠. 그리고 마지막 한 단어가 다음 구절에 나옵니다.

11. 내가 이것을 너희에게 이름은 내 기쁨이 너희 안에 있어 너희 기쁨을 충만하게 하려 함이라

예수님의 3년간 진행되었던 공생애 기간은 사실 피곤하고 힘든 삶이었을 것입니다. 제자들을 데리고 다니는 것도, 사람들에게 가르치는 것도, 병자들을 고치는 것도, 새벽부터 밤까지 바쁜 삶을 사셨을 거 같습니다.

그런데 그 기간을 예수님은 제자들에게 한 단어로 표현하고 계십니다. 기쁨이라는 단어입니다. 예수님이 사역을 너무 기쁨으로 감당했던 것이 보이는 것이죠. 예수님은 잠시 다녀가는 인간 세상에서 인간들을 위해 살아가는 그 시간이 기쁨이라고 여기셨다는 것입니다.

가만히 생각해 보면 우리들의 짧은 인생도 어쩌면 기쁨이 되어야 하지 않을까 생각하게 됩니다. 어떤 이는 한 많은 이 세상하고 노래도 불렀고 어떤 이는 불평등과 차별 속에 지쳐 불평과 원망 속에 평생을 살고, 어떤 이는 세상과 담을 쌓고 공황장애와 우울증 속에 상처투성이로 죽지 못해 살아가고 있습니다.

그런데 우리의 인생사를 기쁨이라는 단어로 표현할 수 있다면 얼마나

큰 영광일까요? 얼마나 의미 있는 시간이었고 값진 시간일까요?

크리스천들의 삶은 믿음으로 시작되고 사랑으로 진행되다가 기쁨으로 마무리되는 것이라고 말하고 싶습니다. 우리 삶이 그렇게 된다면 너무나 좋을 거 같습니다.

잠시 다녀가는 세상에서 헛된 것만 쫓아다니다가 결국 메마른 사람이 되어 말라 죽어버리는 의미 없는 인생이 아니라 믿음의 사람으로 한없이 사랑하다가 기쁨에 겨워 죽게 되는 그런 의미 있는 인생을 사는 우리가 되면 좋겠습니다.

하나님께 우리의 삶의 모든 부분을 영광으로 돌려드리는 그런 값진 인생 말입니다. 영혼을 살리고 메마른 땅에 생명수를 나누어주는 그런 귀한 시간이 되었으면 좋겠습니다.

21

고정관념을 버리고 손을 내밀라

누가복음 6:6-11

6. 또 다른 안식일에 예수께서 회당에 들어가사 가르치실새 거기 오른손 마른 사람이 있는지라

7. 서기관과 바리새인들이 예수를 고발할 증거를 찾으려 하여 안식일에 병을 고치시는가 엿보니

8. 예수께서 그들의 생각을 아시고 손 마른 사람에게 이르시되 일어나 한 가운데 서라 하시니 그가 일어나 서거늘

9. 예수께서 그들에게 이르시되 내가 너희에게 묻노니 안식일에 선을 행하는 것과 악을 행하는 것, 생명을 구하는 것과 죽이는 것, 어느 것이 옳으냐 하시며

10. 무리를 둘러보시고 그 사람에게 이르시되 네 손을 내밀라 하시니 그가 그리하매 그 손이 회복된지라

11. 그들은 노기가 가득하여 예수를 어떻게 할까 하고 서로 의논하니라

예수님은 회당에서 자주 말씀을 전하시곤 하셨습니다. 이날도 말씀을 전하고 계신데 오른손 마른 사람이 그 자리에 있었습니다.

이 사람은 유대전승(역사)에 보면 석수장이였다고 전해집니다. 태어나면서 장애가 있는 것이 아니라 후천적으로 어떤 이유에 의해서 혈액순환이 되지 않고 손이 마비된 상태라고 보입니다.

오른손잡이가 보편적이기에 돌을 깎는 사람으로 오른손을 쓸 수 없다는 것은 안타까운 일이 아닐 수 없습니다. 그리고 그 사람의 상황은 아마도 그 작은 마을에 소문이 다 나서 누구나 다 알고 있었을 것이고 예배의 자리에 앉아 있어도 한눈에 보였을 것입니다.

그런데 마침 서기관과 바리새인들이 예수님을 고발할 증거를 찾으려고 와서 엿보고 있는 상황입니다. 혹시 병을 고치게 되면 안식일을 어기게 되어 예수님을 고발할 증거가 될 수 있었기에 숨을 죽이고 지켜보고 있었을 것입니다.

그런데 예수님은 그들의 생각을 알고 계셨습니다. 그리고 손마른 사람에게 일어나서 한가운데 서라고 말씀하셨습니다. 숨어서 고치신 것이 아니고 더욱 드러내어 중심에 세우셨습니다. 물러서지 않고 당당하게 안식일에 병을 고쳐주는 문제를 모든 사람 앞에 드러내게 된 것입니다.

병을 고치면 안식일을 어긴 것이 되고, 병을 고치지 않으면 사랑도 없는 무심한 사람이 되는 것입니다. 예수님은 왜 이 사람을 가운데 세워서 더 도드라지는 상황으로 만드신 것일까요?

많은 사람들이 손마른 사람을 고치신 예수님의 기적에만 관심이 있습니다. 하지만 정말 중요한 점은 예수님의 의도입니다. 기적과 이적은 겉으로 나타나는 것이고 그것보다 더 중요한 것은 전후 사정과 그 안에 담겨있는 숨겨진 의미입니다.

사실 예수님은 지켜보고 있는 서기관이나 바리새인들보다는 회당에 모여진 이스라엘 백성들에게 더 관심이 있었습니다. 그들이 가진 율법이라는 그리고 안식일이라는 고정관념과 편견을 고쳐주실 생각을 하신 것입니다. 그들만의 율법이라는 좁은 시야를 더 넓은 안목으로 바꾸어 주고 싶으셨을 것입니다.

그래서 그들에게 안식일에 선을 행하는 것과 악을 행하는 것, 생명을 구하는 것과 죽이는 것 어느 것을 선택하는 것이 옳은지 물어보십니다. 안식일이라는 말만 빠진다면 쉬운 질문이었지만 안식일에 쉬어야함을 고정관념처럼 알고 있는 그들에게 이 질문은 어려운 질문이 되어 버렸습니다.

그리고 정적이 흐르고 침묵에 잠겼습니다. 그들은 안식일이라는 율법을 지키고 있었던 것입니다. 문자에 메여서 하나님의 원래 의도를 알려고도 하지 않은 채 그렇게 말입니다. 예수님은 그런 그들을 바라보면서 너무나 답답함을 느끼셨을 것입니다.

말도 안될 만큼 안식일을 지키려고 노력했지만 정작 안식일의 의미는 모르고 있는 것이었습니다. 생명을 살리는 것, 영혼을 구하는 것, 그것이 안식일을 지키는 것보다 더 중요한 것임을 구분하지 못하는 사람들이었던 것입니다. 예수님은 그런 그들의 편견에 자유함을 가르쳐 주려고 하셨습니다.

오늘 말씀을 통해서 우리가 가지고 있는 고정관념, 편견, 우매함, 종교인이라는 굴레, 이런 것들에서 조금은 자유함을 가졌으면 좋겠습니다. 교회를 오래 다닌 사람들이 어쩌면 더 이런 기준에 얽매어 있습니다. 얼마나 안타까운 일인지요.

우리가 가지고 있는 기준이 마치 절대 기준인 것처럼, 이스라엘 백성들이 지켰던 율법처럼 어느새 우리의 신앙이 그렇게 되어 버렸습니다. 정말 중요한게 무엇인가? 하나님은 무엇을 원하실까? 생각은 해보셨나요?

잠시 뒤 예수님은 가운데 '뻘쭘하게' 서있던 손마른자에게 네 손을 내밀라고 하셨습니다. 마치 소경에게 눈을 떠라, 앉은뱅이에게 일어나라. 라고 말하는 것과 동일하게 마비가 되어 있는 손을 내밀라고 하신 것입니다.

그리고 손은 움직여졌고 내민 즉시로 회복되었다고 기록되어 있습니다. 생각에 사로잡히고 편견에 사로잡힌 우리들의 모습을 보는 것 같습니다. 마음을 열고 살아계신 하나님과 동행하며 매순간마다 정말 중요한 가치가 무엇인지 고민해 보고 실제로 뛰어보는 우리가 되었으면 좋겠습니다.

예수님의 당당한 질문 앞에 수많은 사람들이 생각만 하느라 대답을 하지 못하고 있었습니다. 오늘날에도 수많은 크리스천들이 생각만 하고, 또는 마음에만 품고 그렇게 살다가 끝나버립니다.

손을 내밀 수 있습니까? 발로 뛰어 갈 수 있습니까? 도울 수 있습니까? 봉사할 수 있습니까? 선교할 수 있습니까? 전도할 수 있습니까? 다른 사람을 위해 중보 할 수 있습니까? 기도할 수 있습니까?

내 삶에 기적이 일어나기만을 목 놓아 기다리기 전에, 당첨되지도 않는 로또를 매주 구입하기 전에, 어차피 하나님이 기적을 베푸시려면 우리가 기다리지 않아도 가능하시고 로또를 사지 않아도 돈을 부어 주실 계획이라면 얼마든지 가능하실 것입니다.

우리의 제한된 편견과 작은 안목으로 하나님의 축복을 가로채지 않기를 바랍니다. 괜한 기대로 말할 수 없는 절망과 낙심으로 더 큰 상처를 받게 될지도 모르니까요.

우리가 가진 편견, 고정관념, 신앙에 대한 잘못된 생각들…. 다 내려놓고 살아계신 하나님과 동행하시기를 바랍니다. 그분이 알아서 길을 닦으시고 산을 허무시고 바닷길을 열어 가실 것입니다. 우리는 단지 신뢰함으로 주님을 따라 가기만 하면 될 것입니다.

내 안에 불신, 내안에 불안, 쓸데없는 수많은 것들을 모두 봄비에 씻어 버리고 늘 새로운 생각과 마음으로 주님을 따르는 우리가 되기를 소망합니다.

22

주께서 쓰시겠다

누가복음 19:28-40

28. 예수께서 이 말씀을 하시고 예루살렘을 향하여 앞서서 가시더라

29. 감람원이라 불리는 산쪽에 있는 벳바게와 베다니에 가까이 가셨을
    때에 제자 중 둘을 보내시며

30. 이르시되 너희는 맞은편 마을로 가라 그리로 들어가면 아직 아무도
    타 보지 않은 나귀 새끼가 매여 있는 것을 보리니 풀어 끌고 오라

31. 만일 누가 너희에게 어찌하여 푸느냐 묻거든 말하기를 주가 쓰시겠다
    하라 하시매

32. 보내심을 받은 자들이 가서 그 말씀하신 대로 만난지라

33. 나귀 새끼를 풀 때에 그 임자들이 이르되 어찌하여 나귀 새끼를 푸느냐

34. 대답하되 주께서 쓰시겠다 하고

35. 그것을 예수께로 끌고 와서 자기들의 겉옷을 나귀 새끼 위에 걸쳐
    놓고 예수를 태우니

36. 가실 때에 그들이 자기의 겉옷을 길에 펴더라

37. 이미 감람 산 내리막길에 가까이 오시매 제자의 온 무리가 자기들이
    본 바 모든 능한 일로 인하여 기뻐하며 큰 소리로 하나님을 찬양하여

38. 이르되 찬송하리로다 주의 이름으로 오시는 왕이여 하늘에는 평화요
    가장 높은 곳에는 영광이로다 하니

39. 무리 중 어떤 바리새인들이 말하되 선생이여 당신의 제자들을 책망하
    소서 하거늘

40. 대답하여 이르시되 내가 너희에게 말하노니 만일 이 사람들이 침묵하
    면 돌들이 소리 지르리라 하시니라

오늘 말씀에서 7개의 글자가 마음속에 남기를 바랍니다.
"주께서 쓰시겠다." 저도 말씀을 준비하면서 이 문장이 마음에 오래도록
남아 있었습니다. 그리고 무슨 일을 하든지 저 말씀을 묵상해보면 우리의
삶이 달라질거 같았습니다.

예수님은 제자 2명에게 나귀를 풀어서 가져오라고 말씀하십니다. 그
나귀는 임자가 따로 있는 나귀들인데 값을 치루지도 않고 데려오라고
하셨으니 제자들이 고민하거나 따져 물을 수도 있을텐데 역시 제자들인가
봅니다.

예수님의 말씀에 그대로 순종하여 나귀의 임자가 왜 나귀를 풀어
가느냐고 물었을 때도 예수님이 가르쳐 주신대로 "주께서 쓰시겠다."

라고 정확히 말하고 데려오게 됩니다.

그들의 순종도 참 대단하지만 그 7개의 글자에 나귀 임자가 아무런 소리 없이 그대로 보내주는것도 신기하기만 합니다.

그리고 그렇게 묶여 있던 어린 나귀는 처음으로 예수님을 등에 업고 사람들의 찬송과 영광을 받으며 예루살렘으로 들어가게 됩니다. 태어나서 그런 환영은 처음이었을 것입니다.

말씀을 읽어보면 모두 느끼겠지만 사실 우리가 그 어린 나귀와 너무나 비슷합니다.

세상에 묶여 있고 다른 주인에게 묶여있고 물질과 사람에게 묶여있는 우리를 주님께서 제자들을 통해 복음을 전하시고 주님을 등에 업고 동행하며 세상을 살아가는 것, 예루살렘 성을 향하여 나아가는 것…. 그것이 바로 우리들의 인생이기도 합니다.

내가 하고 있는 일, 내가 신경 쓰고 있는 생각, 나와 엮여 있는 사람들, 가족들, 여러 가지 복잡한 상황들 속에서 내 영혼 깊숙한 곳에서부터 뚫고 나오는 하나의 기준이 되는 말씀, 바로 "주께서 쓰시겠다."

우리의 인생을 주님께서 쓰신다고 하십니다. 우리의 삶을, 어린 나귀처럼 부족하고 연약하고 한없이 나약한 우리를 주님께서 함께 하시며 인도하시며 하나님의 나라로 그 영광을 누리며 함께 가자고 재촉하십니다.

이것 자체가 한없는 은혜이며 감사할 제목이 됩니다. 깊게 깨달으면 깨달을수록 우리 인생의 방향과 목적이 분명해지게 됩니다.

여러분의 마음속에도 이 일곱 개 글자가 기억되기를 바랍니다.

"주께서 쓰시겠다….."

너무나 의미 깊고 은혜로운 말씀이기에 쉽게 잊혀지지 않네요. 모든 변명과 모든 의심과 모든 감정이 저 말씀 앞에 눈 녹듯 사라지게 됩니다.

23
.
.
.

진심으로 섬기는 자가 되어라

마태복음 20:20-28

20. 그 때에 세베대의 아들의 어머니가 그 아들들을 데리고 예수께 와서 절하며 무엇을 구하니

21. 예수께서 이르시되 무엇을 원하느냐 이르되 나의 이 두 아들을 주의 나라에서 하나는 주의 우편에, 하나는 주의 좌편에 앉게 명하소서

22. 예수께서 대답하여 이르시되 너희는 너희가 구하는 것을 알지 못하는 도다 내가 마시려는 잔을 너희가 마실 수 있느냐 그들이 말하되 할 수 있나이다

23. 이르시되 너희가 과연 내 잔을 마시려니와 내 좌우편에 앉는 것은 내가 주는 것이 아니라 내 아버지께서 누구를 위하여 예비하셨든지 그들이 얻을 것이니라

24. 열 제자가 듣고 그 두 형제에 대하여 분히 여기거늘

25. 예수께서 제자들을 불러다가 이르시되 이방인의 집권자들이 그들을

임의로 주관하고 그 고관들이 그들에게 권세를 부리는 줄을 너희가
알거니와

26. 너희 중에는 그렇지 않아야 하나니 너희 중에 누구든지 크고자 하는
자는 너희를 섬기는 자가 되고

27. 너희 중에 누구든지 으뜸이 되고자 하는 자는 너희의 종이 되어야
하리라

28. 인자가 온 것은 섬김을 받으려 함이 아니라 도리어 섬기려 하고 자기
목숨을 많은 사람의 대속물로 주려 함이니라

야고보와 요한의 어머니 살로메가 예수님에게 자리 부탁을 하는
것으로 이야기가 시작됩니다.

예수님의 기적과 소문으로 인하여 앞으로 로마의 식민지에서 벗어나
새로운 예수님의 나라가 세워질 것 같은 상황에서 미리 두 아들의 자리를
선점해 놓기 위한 어머니의 열심이 보입니다.

어머니까지 데려와서 자리를 부탁하는 두 제자를 향하여 나머지 열
명의 제자가 분하게 여기는 모습도 보입니다. '우리를 밀치고 지들이
좋은 자리를 다 해먹으려 하다니….' 이런 생각이 들었을 법합니다.

결과적으로 보면 예수님을 제외한 나머지 제자들 모두 비슷한 생각
안에 있었던 것 같습니다. 예수님이 세우게 될 나라에 대한 환상, 세상의

방법으로 세워질 또 다른 세상의 나라…. 수많은 무리들이 따르게 되었고 환호성이 들리며 그 나라가 점점 가까워졌다고 생각한 것입니다.

하지만 예수님은 전혀 다른 계획을 품고 계셨습니다. 이스라엘이라는 작은 나라의 구원으로 세워질 그런 나라가 아니었습니다. 도리어 수많은 사람을 살리고 영혼을 구하는 전인류적인 영적인 큰 그림의 나라였습니다. 로마 식민지를 벗어나 이스라엘의 독립이 중요한게 아니었습니다. 더 크고 넓은 하나님의 구원사역을 마음속에 간직하며 하나님의 원대한 나라를 꿈꾸고 계셨습니다.

물론 제자들은 예수님의 승천 이후에서야 비로소 깨닫게 됩니다. "그때 말씀하신 게 이런 거였구나." 하면서 말이죠.

오랫동안 가르쳤던 제자들이 하나같이 세상의 이야기를 하고 있을 때 예수님은 화를 내시거나 야단치지 않으시고 다시 천천히 주님이 생각하는 나라에 대해서 설명을 해주셨습니다. 그만큼 겸손히 섬기시는 모습이 보입니다.

이 말씀을 보면서 제자들을 생각해 보았습니다. 제자들은 그동안 모든 것을 버리고 예수님을 따라다녔습니다. 그렇기에 한편으로 주님의 나라가 세워지게 되면 한자리 정도는 주시겠지 하고 은근히 기대하는 마음들이 있었던 것 같습니다. 오늘 본문의 내용이 너무나 정확하게 제자들의 마음 중심을 표현했다고 볼 수도 있습니다.

그런데 이 부분이 바로 우리들과 제자들의 비슷한 부분입니다. 주님을 믿게 되면서 알게 되면서 예배하게 되면서 우리는 너무나도 우리의 본전에 생각이 갇힙니다. '이정도 믿었으면 뭐라도 해주셔야 하는게 아닌가?'

'이정도 신앙생활 했으면 나만큼 교회 다녔으면, 기도를 이렇게 많이 했는데 한자리 주셔야 하지 않을까요?' '출세가도를 달리게 해주셔야 맞지 않을까요?' '성공하며 승승장구 할 수 있도록 인도해 주셔야 해요.' 이렇게 생각하곤 합니다.

마치 제자들이 그런 마음을 품었던 것과 마찬가지로 세상적인 생각을 하게 됩니다. 세상적인 출세, 성공, 가치, 재물 등을 은근히 기대하게 됩니다.

사실 우리의 소망은 하나님의 나라에 있어야 합니다. 이 세상에 잠시 거처로 있는 동안 세상 것에 대해 너무나 큰 욕망에 사로잡혀 살 필요가 없습니다. 결국 남는 것은 무엇인지 고민해 봐야 합니다.

결국 사람들을 안고 가야하며, 영혼들에게 복음을 증거 해야 합니다. 하나님의 나라를 맛보게 해주어야 하는 것이고, 이 땅에서 제자된 우리의 분명한 사명이기도 합니다. 먼저 믿은 이들이 그 사명을 감당해야 하는 것이겠지요.

예수님은 제자들에게 하나님의 나라를 소망하며 살아가는 제자들이 어떻게 이 땅에서 살아야 할지를 말씀해 주셨습니다. 그 뒤로 말씀을 보면 세상의 위정자들에 대한 설명을 하시고 섬김에 대해서 말씀하십니다.

단순히 섬기는 척이 아닌 진심으로 섬기는 것을 말씀하시고 계십니다. 그 뒤에 보면 종이라는 표현이 나옵니다. 내가 다른 사람을 섬길 때는 종이 되어 섬기라는 것이지요.

보통은 우리 안에 교만함으로 인하여 다른 사람을 대할 때 나보다 나은 사람이라고 여기기보다는 대부분 나보다 못난 사람으로 생각하는 경우가 많습니다. 하지만 예수님은 그들을 나보다 나은 사람으로 여기고 종이 되어서 섬기라고 말씀하십니다.

동급인 신분도 아니고 더 낮아지고 겸손하여져서 다른 사람을 섬기는 사람이 되어야 한다고 말씀하십니다. 왜 그래야 할까요? 바로 영혼을 건지기 위해서입니다. 그 사람을 위해 더 사랑하고 기도해 줄 수 있기 위해서입니다.

예수님은 제자들과는 비교도 안 될 정도로 신분이 높은 분이셨지만 제자들의 발을 씻기시고 제자들의 생각에 맞춰주시고 천천히 가르쳐주십니다. 우리에게 먼저 본을 보이신 것이죠.

그리고 예수님이 이 땅에 오신 목적을 마지막 절에서 말씀하십니다. 나도 인류를 섬기기 위해서 구원사역을 이루기 위해 목숨을 내어주려고 이 땅에 온 것이라고 설명해 주십니다.

그 당시 제자들이 예수님의 그 큰 사랑을 이해 할 수 있었을까요? 예수님의 낮아진 섬김을 이해할 수 있을까요?

이 말씀은 동일하게 오늘날 우리에게도 주시는 말씀입니다. 예수님처럼 낮아지고 겸손하게 다른 사람을 섬길 수 있는 우리가 되기를 바랍니다.

예수님은 제자들이 축복의 통로가 되기를 바라셨습니다. 은혜가 흘러가고 축복이 전해지기를 바라신거죠. 예수님에게 붙어 있는 가지가 되어 다른 사람과 연결되고 영혼들을 살리게 되는 그런 우리가 되기를 바라실 겁니다.

우리의 욕심에 젖은 기도를 잠시 내려놓고 하나님 나라의 비전에 대한 꿈을 위해 기도하는 우리가 되면 좋겠습니다. 겸손하게 낮아져서 다른 사람들을 섬길 수 있는 그런 예수님의 제자들이 되기를 기도합니다.

24

믿음의 고백이 열매 맺는 때

마태복음 26:31-35

31. 그 때에 예수께서 제자들에게 이르시되 오늘 밤에 너희가 다 나를
    버리리라 기록된 바 내가 목자를 치리니 양의 떼가 흩어지리라
    하였느니라
32. 그러나 내가 살아난 후에 너희보다 먼저 갈릴리로 가리라
33. 베드로가 대답하여 이르되 모두 주를 버릴지라도 나는 결코 버리지
    않겠나이다
34. 예수께서 이르시되 내가 진실로 네게 이르노니 오늘 밤 닭 울기 전에
    네가 세 번 나를 부인하리라
35. 베드로가 이르되 내가 주와 함께 죽을지언정 주를 부인하지 않겠나
    이다 하고 모든 제자도 그와 같이 말하니라

그동안 예수님을 따라다니면서 함께 배우고 양육 받았던 제자들과

최후의 만찬을 나누시고 발을 씻기시고 그러면서 분위기가 무르익었을 때 감람산으로 향하시면서 예수님은 제자들에게 찬물을 끼얹는 것과 같은 말씀을 하시게 됩니다.

'너희가 다 나를 버릴 것이다. 그것도 오늘밤에 말이다.' 이렇게 말씀하신 것이니 제자들이 들을때는 '갑자기 무슨 말씀이신가?' 했을 것입니다.

그리고 그 뒤로 살아난 후에 (부활 후에) 갈릴리로 가겠다는 말씀도 하셨지만 워낙에 앞에 제자들이 배신할거라는 충격적인 이야기를 하신 후라 뒷이야기는 잘 듣지도 못했을지 모르겠습니다.

당장 성질 급한 수제자 베드로가 결단하듯 대답합니다.

'다른 사람은 주님을 버릴지 몰라도 저는 결코 배신하지 않겠습니다. '

딱 이런 뉘앙스입니다. 그러자 예수님은 기다렸다는 듯이 몇 시간 뒤에 일어날 일을 또 말씀해 주십니다.

'오늘밤 닭 울기 전에 네가 나를 세 번이나 배신할 것이다. '

그러자 베드로가 목숨까지 걸고 말합니다.

'제가 주님과 함께 죽을지언정 절대 배신하지 않겠습니다.'

다른 모든 제자들도 베드로와 같은 고백을 다 하게 됩니다.

그들은 진심으로 예수님에게 대답을 한 것입니다. 하지만 그들은 온실 속의 화초처럼 예수님의 돌보심으로 양육 받은 수준에서 최선의 대답을 한 것입니다.

실제적으로 삶을 살아가며 인생의 고비를 넘겨보지 못했고 극한의 상황을 겪어 보지 못했으며 두려움에 사로잡혀서 고민해 본적이 없었습니다.

그저 배운 대로, 평안한 상태에서, 그들의 고백은 유치원을 졸업하는 어린 아이들의 대답과 다를 바가 없었습니다. 예수님과 함께 여서 마냥 행복한 그래서 분위기가 최고조에 달할때 예수님은 그런 제자들에게 앞으로 일어날 일을 말씀해 주신 것입니다.

이제 예수님이 안 계실 때 제자들이 스스로 겪어야 하고 견뎌야 하고 신앙과 믿음으로 굳건히 이겨내야 할 일들에 대해서 말입니다.

누구나 신앙의 초기에는 예수님을 배신하지 않겠다고 베드로처럼 고백하게 됩니다. 하지만 인생을 살아가다보면 베드로처럼 두려움에 사로잡히거나 극한의 상황에 처하게 될 때 우리는 세상과 타협하거나 죄와 타협하게 됩니다.

이런 쪽의 유두리는 아주 잘 생각해 내고 현실과의 타협은 우리를 센스 있게 만들어 주는 것 같습니다.

결국 인간은 죄인들이며 극한의 상황에서는 결국 자신을 택하게 되는 원초적이며 본능적인 사람이라는 것을 깨닫게 될 때가 찾아오게 됩니다.

베드로는 3번이나 예수님을 모른다고 부인하였고 다른 제자들은 살기 위해 모두 도망가버렸습니다.

여태까지 승승장구하던 예수님, 기적과 이적을 행하며 바리새인과 서기관들을 비판하고 수많은 무리들이 따르던 그런 리더가 하루 아침에 로마 병사들에게 끌려가 고초를 당하고 재판을 당하는 모습은 제자들에게 있어서 충격적이었을 것입니다.

정말 놀라운 것은 그렇게 배신하고 도망가 버린 제자들을 향한 예수님의 태도입니다.

그들이 배신할 것을 알고 계셨음에도, 실제로 배신했음에도 불구하고 예수님은 부활하신 후 제자들을 하나하나 찾아가서 그들을 다시 용서하시고 회복시키셔서 초대교회의 사도들로 세우신 것입니다.

우리 같으면 어떻게 했을까요? 본전 생각나지 않겠습니까? 배신당하게 되면 어떤 마음이 들겠습니까?

하지만 예수님은 더 큰 사랑으로 제자들을 다시 품으십니다. 그리고 그 사랑으로 인하여 제자들은 눈물로 감격하게 되고 예수님에게 더 충성스러운 제자들로 변하게 됩니다.

우리도 성경말씀을 배우고 예배를 드리고 신앙생활을 하면서 참 많은 것들을 머리로 알게 됩니다. 그리고 쉽게 고백합니다. 결단도 아주 쉬운 것처럼 보입니다. 하지만 삶을 살다보면 믿음과 신앙의 한계를 느끼게 됩니다.

'왜 나는 변하지 않을까? 왜 나는 세상과 타협하게 될까? 왜 나는 그 사람이 용서가 안될까?'

우리의 고백과 결단과는 전혀 다른 삶의 모습을 느끼게 됩니다. 예수님이 직접 가르치신 제자들도 우리와 비슷한 수준이었습니다.

배운 것 만으로, 아는 것만으로, 교회라는 온실 속에서만, 그 안에서는 제자들처럼 목숨을 걸고라도 배신하지 않겠다고 충분히 고백할 만 합니다.

하지만 실제 삶은 다릅니다. 냉혹한 광야의 삶은 우리를 지치게 만들고 두려움의 파도는 우리를 삼켜 버립니다. 어쩌면 누구라도 베드로처럼 부인하고 제자들처럼 도망가게 될지 모릅니다.

그게 우리의 본모습이며 인간의 한계일지 모릅니다. 하나님의 크신 사랑과 깊은 은혜만이 우리를 건져주실 수 있습니다. 우리의 한계를 직시하며 한탄하거나 자책하기 보다는 도리어 하나님의 깊은 사랑과 은혜를 바라보시기 바랍니다.

세상 속에서 정말 하찮은 부류에 속하는 우리들을 주님은 만나주시고 다듬어 주시고 연단시키셔서 하나님의 귀한 일들을 하도록 만들어 주시니 너무나 큰 은혜입니다.

예수사관학교를 이제 갓 졸업한 제자들을 다시 삶의 고지를 향해 보내시고 연단 시키셔서 장군들로 세우시고 결국 순교하는 자리까지 서게 하셨으니 인내와 연단의 은혜가 그 삶에 녹아 있음을 느끼게 됩니다.

우리 인생에도 그와 같은 하나님의 은혜가 임할 것입니다. 지금은 작아 보이고 변화의 모습이 보이지 않아도 주님은 우리를 향해 계획을 가지시고 사랑과 은혜로 연단해 나가시는 중이실 것입니다.

볼 것 없는 내 모습만 바라보며 신세한탄하기 보다는 나를 사용하시고 내 안에 찾아오셔서 나를 변화시켜 나가실 하나님을 기대하며 바라보는 것이 믿음일 것입니다.

결국 제자들의 첫 고백과 결단은 나중에서야 이루어지게 됩니다. 우리의 첫 고백과 결단들도 그냥 땅에 떨어지지 아니하고 주님 손에 붙들리어 결국 이루어지게 될 것입니다.

믿음은 눈에 보이지 않는 아주 작은 씨앗이지만 결국 자라나서 하나님이 원하시는 풍성한 열매를 맺게 될 것입니다.

하나님은 우리를 충분히 덮을만한 큰 사랑으로 예수님을 이 땅에 보내셨습니다. 그리고 십자가의 보혈은 우리들의 허물을 다 씻을 만큼 충분히 귀한 것입니다.

우리가 세상 속에서 살아가면서 얼마나 하나님의 사랑과 은혜를 깊이 있게 깨닫느냐가 중요한 문제일 것입니다.

베드로에게 찾아오셔서 '네가 나를 사랑하느냐?'라고 세 번이나 물어보시던 예수님, 그리고 그 용서하심에 어쩔 줄 몰라 하던 감동과 감격을 경험한 베드로….

우리도 동일한 은혜와 감격을 경험하게 되기를 바랍니다. 우리가 쉽게 변하지 않는 게 당연한 것입니다. 그러나 아주 천천히 우리를 변화시켜 가실 것입니다. 하나님의 사랑과 은혜를 기대하시기 바랍니다.

25

내 생각을 버리고 믿음으로 순종하라

여호수아 5:13-15

13. 여호수아가 여리고에 가까이 이르렀을 때에 눈을 들어 본즉 한 사람
  이 칼을 빼어 손에 들고 마주 서 있는지라 여호수아가 나아가서 그에
  게 묻되 너는 우리를 위하느냐 우리의 적들을 위하느냐 하니
14. 그가 이르되 아니라 나는 여호와의 군대 대장으로 지금 왔느니라
  하는지라 여호수아가 얼굴을 땅에 대고 엎드려 절하고 그에게 이르되
  내 주여 종에게 무슨 말씀을 하려 하시나이까
15. 여호와의 군대 대장이 여호수아에게 이르되 네 발에서 신을 벗으라
  네가 선 곳은 거룩하니라 하니 여호수아가 그대로 행하니라

다들 아시겠지만 말씀을 볼 때 가능하다면 전후 내용을 살펴보면서
묵상한다면 더 깊은 뜻이 담겨있는 것을 깨닫게 됩니다. 오늘 말씀의
전내용이 상당히 중요합니다. 그래야 13절에서 여호수아의 상황과

마음을 어느 정도 이해할 수 있기 때문입니다.

4장에서는 요단강을 기적적으로 건너게 되고 5장에서는 길갈에서 이스라엘 백성들이 할례를 행하게 됩니다. 요단강을 기적적으로 건너면서 홍해 바다를 경험하지 못했던 광야에서 태어난 새로운 세대들이 믿음으로 무장하게 됩니다.

그리고 길갈에서는 적들을 앞에 두고 요단강을 뒤로한채 할례를 행하라는 주님의 명령에 믿음으로 순종하는 결단을 내립니다.

적어도 1주일은 상처가 아물기를 기다려야했고 그사이 적들이 공격해 온다면 꼼짝없이 당해야하는 상황일 수 있었습니다. 그런데도 믿음으로 순종하는 모습을 보였으니 요단강의 기적이 큰 충격이었던 모양입니다.

문제는 추수 때인데 곡식들을 모두 거두어서 여리고성으로 숨어버린 적들과 100만명이나 되는 이스라엘 백성들 앞에 텅비어버린 들판만 남아있다는 것입니다.

무너진 적이 없는 여리고성, 튼튼하고 열릴 수 없을 것 같았던 성문, 이스라엘은 공성전을 해본 적이 없이 들판에서 광야에서 싸운 것이 다인데 이제 정말 저 철옹성 같은 여리고성을 어떻게 공략해야 할지 막막한 상황이었을 것입니다.

백성들은 모두 상처가 낫기를 기다리고 있을 때 여호수아는 모세의 뒤를 잇는 리더로서 수많은 걱정과 고민을 가지고 여리고성에 가까이 다가가 성을 살펴보는 중이었을 것입니다.

여호수아가 여태껏 경험한 모든 전장에서의 상황들을 되뇌이며 이럴 때 모세라면 어떻게 했을지도 생각해보며 근심 중에 여리고성을 바라보다가 정신을 차려보니 눈 앞에 칼을 빼어든 자가 자신을 쳐다보고 있는 것이었습니다.

여호수아가 너무 놀라 같이 칼을 빼어들고 물었을 것입니다. "너는 우리를 위하느냐? 우리의 적들을 위하느냐?" 간단히 말해서 아군이냐? 적군이냐? 하고 물어본 것입니다.

여호수아는 지금 우리 편인지 적의 편인지가 가장 중요한 상황입니다. 이스라엘 백성의 지도자로서 여호수아 한사람의 목숨에 대한 문제가 아닌 민족의 존폐위기 앞에서 물어보고 있는 것입니다.

하나님이라도 지금은 여호수아에게 우리 편이어야만 될 것처럼 보입니다. 주객이 바뀐 듯한 모습입니다. 여기서 천사장의 한마디가 세차게 흘러가는 여호수아의 생각을 끊어줍니다.

"아니라." 마치 천사장은 여호수아가 미처 하지 못한 이야기까지 아는 듯이 말을 끊습니다. "네가 생각하는 그런 게 아니라, 아군 적군이 문제가 아니라, 두려워하고 걱정해서 되는 게 아니라…."

그렇습니다. 우리는 인간적인 세상의 방법과 상식으로 늘 잣대를 들이댑니다. 우리의 인생에도 다른 사람의 삶에도 말이죠.

하나님은 우리에게 이렇게 말씀하십니다. "아니라." 쓸데없는 짓이며 괜한 걱정이다.

모세에게 하신 것과 동일한 말씀을 하십니다. 이 땅은 거룩한 땅이다. 사실 그 땅이 중요한 게 아니라 거기에 하나님이 계시다면 거룩해 지는 것입니다. 우리의 삶 가운데 찾아오신 주님으로 인하여 우리도 거룩한 백성이 되는 것입니다.

죄로 얼룩져 있어도 주님이 찾아오시면 그 땅은 거룩한 땅이 되는 것입니다. 여호수아에게 신발을 벗도록 하십니다. 신발은 자신의 의지와 능력과 고집, 경험 등을 말하고 있는 것이겠지요. 여호수아가 여리고성을 어떻게 무너뜨려야 할까 고민했던 쓸데없는 것들을 말씀하고 계신 것입니다.

결국 그 뒤로 여리고성을 어떻게 무너지게 하실 건지 하나님의 계획을 근심에 쌓인 여호수아에게 말씀해 주십니다. 여리고성을 6일 동안 하루에 한 바퀴씩 돌고 7일째는 일곱 바퀴를 돌고 나팔을 불며 소리치면 된다는 것이었습니다.

여호수아뿐만 아니라 오늘날 우리들도 이해하기 어려운 말씀입니다. 하나님의 방법은 인간의 상식을 뛰어넘습니다. 우리의 부족한 이해력을 탓해야겠지요.

놀라운 것은 여호수아입니다. 말씀대로 순종하게 됩니다. 수많은 사람들이 여러 가지 말들을 했을 것이고 여호수아의 리더십이 흔들리기도 했을테지만 어쨌든 하나님의 말씀대로 여리고성에 행하게 됩니다. 그리고 정말 놀라운 기적으로 여리고성이 무너져 내리게 됩니다.

우리가 걱정하고 근심하는 인생의 여리고성 앞에 우리 혼자 서있는게 아닙니다. 주님이 함께 계십니다. 우리는 우리의 경험과 방법으로 그 산을 넘어 보려고 발버둥 치겠지만 주님은 우리가 이해 못할 주님의 방법으로 이미 다 준비해 놓으셨습니다.

중요한 것은 믿음으로 순종할 수 있느냐 하는 부분입니다.

요셉은 보디발의 집에서 노예집사로 평생을 보낼 줄 알았습니다. 모세는 광야에서 양을 치며 인생을 보낼 줄 알았습니다. 야곱은 평생 처음으로 삼촌 라반의 집을 향해 혼자 여행을 떠나야 했습니다. 아브라함은 자녀를 기대하기엔 많이 늦은 나이였습니다.

홍해 바다에 가로막혔을 때 통곡할 수밖에 없었습니다. 비 내린 다음날의 요단강은 흙탕물로 물이 불어 휩쓸려가기에 딱 좋아 보였습니다. 제사장들이 무거운 법궤를 메고 발을 담근다는 건 순교의 마음으로나 가능한 일이었을 것입니다.

길갈에서 할례를 받은 것처럼…. 하나님은 우리에게 '네 믿음을 보여라.'라고 말씀하십니다.

우리의 인생은 세상 사람들이 말하는 것처럼 "뻔한 인생, 그렇고 그런 인생, 인생 뭐있어." 이런 게 아닙니다. 우리의 인생에는 하나님의 비전과 사명을 성취하기 위한 여정이 담겨 있습니다. 우리와 연결될 수많은 생명들과 영혼들을 향한 하나님의 사랑이 담겨있는 것입니다.

우리에게도 여호수아 같은 믿음이 있었으면 좋겠습니다. 세상의 관점이 아닌 하나님의 관점으로 믿음과 신앙으로 우리 삶을 바라봤으면 좋겠습니다.

돈의 원리로 약육강식의 원리로 돌아가는 세상 속에서 하나님의 말씀으로 살아가는 놀라운 기적의 제자들이 되기를 소망합니다. 지금 어느 자리에 있습니까? 그게 끝일 것 같습니까? '아니라' 하나님이 준비하신 인생의 2막, 3막, 4막들이 우리를 기다리고 있습니다.

믿음으로 하나님께 순종하여 귀하게 쓰임 받는 사람들이 되기를 기도합니다. 하나님은 정확한 타이밍으로 우리를 인도하고 계십니다. 그 속에서 여유를 가지고 만끽하며 평안함으로 누리는 여러분들이 되기를 바랍니다.

하나님의 비전을 함께 이루어 드리는 그게 바로 우리 인생의 목적이며 사명일 것입니다. 복음이 흘러가도록, 믿음이 전해지도록, 축복이

관통되도록, 영혼이 살아나도록…. 눈에 보이는 것에 현혹되지 마시고 믿음의 눈으로 세상을 바라볼 수 있기를 기도합니다.

26

·
·
·

성공의 의미와 계획

에스더 4:11-17

11. 왕의 신하들과 왕의 각 지방 백성이 다 알거니와 남녀를 막론하고 부름을 받지 아니하고 안뜰에 들어가서 왕에게 나가면 오직 죽이는 법이요 왕이 그자에게 금 규를 내밀어야 살 것이라 이제 내가 부름을 입어 왕에게 나가지 못한 지가 이미 삼십 일이라 하라 하니라

12. 그가 에스더의 말을 모르드개에게 전하매

13. 모르드개가 그를 시켜 에스더에게 회답하되 너는 왕궁에 있으니 모든 유다인 중에 홀로 목숨을 건지리라 생각하지 말라

14. 이 때에 네가 만일 잠잠하여 말이 없으면 유다인은 다른 데로 말미암아 놓임과 구원을 얻으려니와 너와 네 아버지 집은 멸망하리라 네가 왕후의 자리를 얻은 것이 이 때를 위함이 아닌지 누가 알겠느냐 하니

15. 에스더가 모르드개에게 회답하여 이르되

16. 당신은 가서 수산에 있는 유다인을 다 모으고 나를 위하여 금식하되

밤낮 삼 일을 먹지도 말고 마시지도 마소서 나도 나의 시녀와 더불어 이렇게 금식한 후에 규례를 어기고 왕에게 나아가리니 죽으면 죽으리이다 하니라

17. 모르드개가 가서 에스더가 명령한 대로 다 행하니라

오늘 말씀은 에스더서에서 가장 핵심이자 중요한 구절입니다. "죽으면 죽으리이다." 라는 유명한 말씀도 여기에 있고 생각해 볼것도 많고 에스더의 신앙에 도전을 받기도 합니다.

무엇보다 가장 중요한 포인트는 이 구절 이전과 이후의 내용이 완전히 달라진다는 것입니다.

이전까지는 모르드개의 위기로 시작해서 이스라엘 전체 족속이 말살당하는 위기로 진행되다가 에스더의 결단과 금식기도로 말미암아 이후에는 모든것이 완벽히 뒤집어지는 역사가 일어나게 되는 것입니다.

사실 에스더서는 10장 정도 밖에 되지 않으니 가능하다면 한번에 읽어보시기를 추천드립니다.

1장에서 부터 보면 멀쩡하던 왕비가 술자리에 왕의 초청을 거부하고 나오지 않았다하여 폐위되는 것으로 이야기가 시작됩니다. 그리고 서둘러 새로운 왕비를 간택하게 되는데 기가 막히게도 유대인인

에스더가 간택되게 됩니다.

에스더는 어떻게 자신이 왕비가 되었는지 너무 궁금했을 것입니다. "하나님 감사합니다. 이제 드디어 내 인생에도 해가 뜨는군요!"

그렇지만 하나님이 어떤 사람을 축복하시고 성공시키며 높은 자리에 세우실 때는 분명한 사명과 이유가 있는것입니다.

요셉은 노예의 삶을 살다가 어느 날 갑자기 이집트의 총리가 되었습니다. 하나님의 놀라우신 인도하심 속에 기적적으로 이루어진 일이지 노예의 삶을 성실히 잘 견뎌냈기 때문에 요셉에게 포상하신 것은 아니었습니다.

하나님은 요셉을 총리로 세워야 하는 분명한 이유를 가지고 계셨습니다. 이스라엘 민족의 보존, 그리고 번성, 이집트의 총리라는 큰 나무가 만들어준 그늘에 이스라엘 자손들을 살릴수 있었던 것입니다.

오늘 에스더 왕비도 그냥 불쌍해서 왕비로 세운 게 아닙니다. 이후에 불어 닥칠 광풍 속에서 이스라엘 백성들을 보존하시고자 바람막이 역할을 할 수 있는 위치에 에스더를 세우신 것입니다.

이 원리를 우리가 잘 이해하게 된다면 우리의 성공이나 기도의 응답이나 삶의 변화로 인해 단순히 보상 차원에서 나에게만 주는 독자적인 은혜로 감사해서 되는 게 아니라는 것을 깨닫게 됩니다.

하나님이 우리를 잘되게 하신 것은 더 낮은 이들을 돌보고 죽어가는 영혼들을 살리고 복음이 전달되고 흘러가게 하시기 위해 물질적으로 권력적으로 관계적으로 효율적인 위치에 우리를 세우시는 것입니다.

내 인생, 내 가족, 내 사업 그저 잘되게 하는 기도는 기복신앙이거나 너무나 이기적인 기도일 수 있습니다. 하나님의 큰 그림을 보셔야 합니다. 우리 인생은 하나님의 비전과 섭리에 동참하여 쓰임 받는 인생들이 되어야 합니다.

우리를 풍요롭게 하시는 것은 빈궁한 자들을 돌보기 원하시기 때문입니다. 큰 나무로 우뚝 서게 하시는 것은 그늘에 설 자리를 만들어 두라는 뜻입니다. 우리 인생이 끝나지 않는 것은 아직도 하나님의 못 이룬 사명이 있기 때문입니다. 하나님은 우리를 통해서 기가 막힌 일들을 이루어 나가실 것입니다.

에스더는 처음에 현실적인 핑계와 상황에 부딪쳐 움직이지 못했지만 모르드개의 말에 믿음의 결단을 내리게 됩니다.

14절에 이 때에 네가 만일 잠잠하여 말이 없으면 유대인은 다른 데로 말미암아 놓임과 구원을 얻으려니와 너와 네 아버지 집은 멸망하리라 네가 왕후의 자리를 얻은 것이 이 때를 위함이 아닌지 누가 알겠느냐 하니

에스더가 움직이지 않는다면 하나님은 다른 사람을 사용하실 것입니다.

그리고 왕후의 자리를 얻게 된 것은 바로 이때를 위함이라고 하는 말이 에스더가 가지고 있던 궁금증에 답이 되었을 것입니다.

그리고 금식기도를 요청하고 함께 기도하며 준비합니다. 목숨을 걸고 죽으면 죽으리라는 심정으로 왕 앞에 나아갑니다. 우리에게도 이런 믿음이 있다면 좋겠습니다. 우리의 인생도 이렇게 쓰임 받을 수 있다면 얼마나 통쾌할까요?

베드로는 무명의 어부였습니다. 하지만 주님은 베드로의 인생을 사용하십니다. 3천명, 5천명등 수많은 영혼들을 살리는 일에 쓰시게 되었습니다. 베드로의 인생은 달라졌습니다.

에스더를 통하여서 이스라엘 민족이 말살당하지 아니하고 되살아나게 됩니다. 드라마도 이런 드라마가 없습니다. 완전히 반전 작렬입니다. 궁금하신 분들은 성경을 참조하시면 좋을 것 같고요.

요셉이 노예의 삶에 지쳤다면, 에스더가 왕비의 삶을 즐겼다면, 모세가 목동으로 만족했다면…. 그때는 다들 몰랐을 것입니다. 하나님의 크신 비전과 계획을 말이죠. 나중에야 깨닫게 되었을 것입니다.

우리 인생에도 똑같은 하나님의 계획들이 숨어있습니다. 지금은 잘 보이지 않고 답답해 보이기까지 합니다. 하지만 우릴 통해서 이루실 반전의 시즌2가 기다리고 있습니다. 하나님은 놀라우신 분이십니다.

그 하나님을 믿음으로 붙잡고 신앙생활 하시기를 바랍니다. 신실하신 분이며 늘 계획을 가지고 계신 분이십니다. 하나님을 믿고 우리의 자리에서 해야할 사명을 잘 감당하기를 바랍니다.

27
·
·
·

순수한 마음과 믿음

마가복음 12:41-44

41. 예수께서 헌금함을 대하여 앉으사 무리가 어떻게 헌금함에 돈 넣는가를 보실새 여러 부자는 많이 넣는데

42. 한 가난한 과부는 와서 두 렙돈 곧 한 고드란트를 넣는지라

43. 예수께서 제자들을 불러다가 이르시되 내가 진실로 너희에게 이르노니 이 가난한 과부는 헌금함에 넣는 모든 사람보다 많이 넣었도다

44. 그들은 다 그 풍족한 중에서 넣었거니와 이 과부는 그 가난한 중에서 자기의 모든 소유 곧 생활비 전부를 넣었느니라 하시니라.

예수님 시대에는 지폐가 없던 시대였습니다. 그래서 여러 가지 동전으로 이루어진 화폐를 사용하고 있었죠. 그렇기 때문에 헌금통 옆에서 대략 소리를 듣기만 해도 얼마를 헌금했는지 알 수 있었을 것입니다.

물론 부자들은 주머니에 동전을 담아와서 헌금통에 부었을 것이고 가난한 자들은 동전 몇개를 넣었을 것입니다. 오늘날 우리들은 헌금 봉투에 넣기도 하고 사실 요즘은 온라인으로 보내기도 하니까 시대가 많이 바뀌긴 했습니다.

41절에 보니 예수님은 헌금함에 다들 어떻게 돈을 넣는지를 보셨다고 나옵니다. 여러 부자들이 보란 듯이 헌금을 쏟아 부을 때 그 뒤로 가난한 과부가 등장합니다. 그리고 동전 2개를 넣었습니다.

과부는 이혼한 사람이 아니라 남편을 사별한 사람을 말합니다. 그리고 동전 2개는 오늘날로 말하면 500원짜리 2개 정도나 천원 짜리 2장 정도의 가치를 지닙니다.

그리고 예수님은 과부가 드린 헌금을 칭찬하시는데 부자들과 비교를 하시면서 오늘 여기 헌금통에 헌금한 모든 사람들보다 가장 많이 넣었다고 말씀하십니다.

우리가 보는 인간적인 시각과는 전혀 다른 예수님의 시각을 볼 수 있습니다. 어떻게 보면 넌센스 같은 말씀이기도 합니다. 수십, 수백의 헌금을 넣은 사람들보다 천원 정도 헌금한 사람이 더 많이 드렸다고 하다니요?

우리는 헌금에 대해서 인간적인 생각으로 가득합니다. 십일조도 그렇고 감사헌금도 그렇습니다. 하나님에게 드린다는 생각보다는 인간적인 욕심이 더 앞서고 기대심리나 보상심리까지 가지고 헌금을 드리고 있습니다.

'내가 이 정도를 드리게 되면 하나님이 나중에 10배로 불려서 갚아주시겠지?'

이렇게 생각하는 크리스천들이 있을지도 모릅니다. 그냥 온전히 순전한 마음으로 드릴 수 있을까요?

향유옥합을 예수님의 발에 부어 버렸을 때도 똑같은 시선의 차이가 있었습니다. 제자들은 그 아까운 걸 왜 발에 부었냐는 것이었고 예수님은 큰 칭찬을 해주셨습니다.

이것이 인간적인 시선의 한계입니다.

사실 앞 구절을 조금 더 읽어 보면 예수님은 제자들에게 외식하는 자들에 대해 알려주려 하신 것 같습니다.

대다수의 가난한자들, 그들을 위해서 예수님은 부자들만 천국에 가는게 아니라 너희들도 천국에 갈 수 있으며, 돈이 아니라 사실은 순수한 믿음으로 천국에 갈 수 있음을 말씀하고 계신 것입니다.

오늘 말씀에서 헌금을 많이 해야 하는지, 혹은 적게 해도 되는지에 대한 고민을 해야 하는 게 아니라 실은 마음에 대한 문제를 생각해 봐야 하는 것입니다.

예수님은 헌금함 앞에서 무엇을 바라보셨을까요? 단순히 동전이 떨어지는 소리만 세고 계셨던걸까요?

예수님은 헌금을 드리는 사람들의 마음을 보고 계셨을 것입니다. 정말 순전한 마음으로 헌금을 드리고 있는가? 오늘 말씀이 단순히 헌금에 대한 부분만 지적하는 말씀은 아닙니다.

우리가 예배할 때도 기도할 때도, 찬양하거나 헌금하거나 봉사할 때도 과연 어떤 마음으로 하느냐 하는 것입니다. 주님을 기쁘게 해드리려는 마음, 하나님께 영광을 돌리는 마음, 내 마음에 기쁨이 있어서, 감사하는 마음으로, 진정으로 행하고 있는가 하는 문제입니다.

하나님은 억지로 드리는 것, 외식하는 것, 겉과 속이 다른 것에 대해서 정말로 싫어하시는 분이십니다. 많은 사람들이 하나님을 의식하기 보다는 눈에 보이는 사람들을 의식하고 살아갑니다. 하지만 정말 믿음 있는 사람들이라면 하나님을 의식하고 살아가는 것이 맞겠죠.

우리의 순수한 의도, 우리의 마음, 속사람, 이런 부분들이 하나님을 향해 있어야 그런 믿음이 있는 행동과 결단들이 자연스레 나오게 될 것입니다. 과부를 칭찬하신 예수님, 그 드림에는 진실한 마음이 담겨 있는 것이었습니다.

우리들은 언젠가부터 세속적이 되어 버렸고 순수한 마음과 믿음이 변질되어 버렸습니다. 그리고 아무렇지도 않게 반복적인 신앙생활을 하고 있습니다.

주님은 오늘도 말씀하십니다. 어린아이와 같은 순수한 마음과 믿음으로 주님 앞에 나오라고 말입니다. 예전이나 지금이나 사람들은 변해가지만 하나님은 늘 같은 목소리로 말씀하십니다.

세상에 소망을 두는가? 하늘나라에 소망을 두는가?

많은 사람들이 세상에서 영원히 살 것처럼 욕심으로 살아가고 있습니다. 조금만 생각해보면 알 수 있는 것들입니다.

이 세상에서 하늘나라에 대한 소망을 가지고 주님께 쓰임 받는 우리가 되기를 소망합니다. 무엇보다 우리의 마음과 믿음이 변질되지 않고 순전하기를 기도합니다.

28
.
.
.

정말 소중한 가치

누가복음 5:1-11

1. 무리가 몰려와서 하나님의 말씀을 들을새 예수는 게네사렛 호숫가에 서서

2. 호숫가에 배 두 척이 있는 것을 보시니 어부들은 배에서 나와서 그물을 씻는지라

3. 예수께서 한 배에 오르시니 그 배는 시몬의 배라 육지에서 조금 떼기를 청하시고 앉으사 배에서 무리를 가르치시더니

4. 말씀을 마치시고 시몬에게 이르시되 깊은 데로 가서 그물을 내려 고기를 잡으라

5. 시몬이 대답하여 이르되 선생님 우리들이 밤이 새도록 수고하였으되 잡은 것이 없지마는 말씀에 의지하여 내가 그물을 내리리이다 하고

6. 그렇게 하니 고기를 잡은 것이 심히 많아 그물이 찢어지는지라

7. 이에 다른 배에 있는 동무들에게 손짓하여 와서 도와 달라 하니 그들이

와서 두 배에 채우매 잠기게 되었더라

8. 시몬 베드로가 이를 보고 예수의 무릎 아래에 엎드려 이르되 주여 나를 떠나소서 나는 죄인이로소이다 하니

9. 이는 자기 및 자기와 함께 있는 모든 사람이 고기 잡힌 것으로 말미암아 놀라고

10. 세베대의 아들로서 시몬의 동업자인 야고보와 요한도 놀랐음이라 예수께서 시몬에게 이르시되 무서워하지 말라 이제 후로는 네가 사람을 취하리라 하시니

11. 그들이 배들을 육지에 대고 모든 것을 버려 두고 예수를 따르니라

베드로가 예수님의 제자가 되는 과정을 자세하게 설명한 말씀입니다. 예수님은 그날 수많은 사람들에게 말씀을 가르치고 계셨으나 마음에는 베드로를 염두에 두고 계셨던거 같습니다.

분명 호숫가에는 배 두 척이 있었고 그중에 굳이 베드로의 배에 오르셨고 육지에서 조금 떼어 달라고 하시며 결국 베드로가 가장 가까이서 예수님의 말씀을 들을수 밖에 없는 상황을 만드십니다.

그리고 말씀을 다 마친 후 어느 정도 믿음이 생기고 은혜를 받았다고 할 그때에 베드로에게 뜬금없이 깊은데로 가서 그물을 내려 고기를 잡으라고 말씀하십니다.

베드로가 예수님에게 고기를 많이 잡게 해달라고 부탁한 것도 아니었습니다. 예수님은 베드로의 생각과 마음을 너무나 잘 알고 계셨습니다. 평생 어부로 살아온 베드로를 변화 시키려면 말씀만으로는 안 된다는 것을 말이죠.

깊은 데로 가서 그물을 내려 고기를 잡으라는 말씀은 평생 어부로 살아온 베드로가 납득하기 어려운 가장 초보적이며 비상식적인 명령이었습니다. 이미 밤새 고기를 잡으려고 애썼으나 한 마리도 잡지 못한 상황이었습니다.

게다가 깊은 데는 고기가 별로 없다는 기본 상식으로 보자면 예수님의 명령 자체가 말도 안 되기에 순종 조차 할 수 없는 그런 상황이었습니다.

하지만 베드로는 말씀에 의지하여 그물을 내리게 됩니다.

여기서 순종하면 복을 받는다는 이야기를 하고 싶지는 않습니다. 그것보다 베드로가 가장 어렵고 힘들 때, 밤새 고기를 못 잡아 낙심하고 있을 때, 그때 예수님이 베드로를 찾아오신 것을 볼 수 있다면 좋겠습니다.

우리 인생 가운데서도 이럴 때가 있습니다. 하지만 혼자가 아닙니다. 그때 주님은 더 가까이 우리를 찾아오십니다. 그리고 위로해 주시고 깨닫게 해주시고 은혜를 베풀어 주십니다.

베드로는 그물이 찢어질 정도로 많이 고기가 잡힌 것을 보고 예수님을 인간이 아닌 하나님의 아들로 받아들이게 됩니다. 그래서 5절에서는 베드로가 예수님을 선생님(랍비)이라고 호칭하고 있지만 8절에서는 주님이라고 부르게 됩니다.

그리고 자신의 죄를 회개합니다. 영혼의 주인, 인생의 주인 앞에서면 자연스럽게 회개하게 됩니다. 무엇 하나 잘했다고 자랑할 만한 게 없더라는 것입니다. 한없이 낮아지고 겸손해질 수밖에 없겠지요.

예수님은 베드로의 두려운 마음까지도 아시고 두려워하지 말라 하시며 이제는 사람을 낚는 어부가 되게 하겠다고 말씀하십니다.

기복신앙이 좋다 나쁘다를 떠나서 많은 사람들이 베드로의 찢어진 그물과 사로잡힌 고기에만 집중하곤 합니다. 큰 복을 받았다는 것이지요. 세상말로 대박이 터졌다는 것입니다. 그러니 기도해야 하고 순종해야 하고 주님을 만나야 된다고 말합니다.

그러나 오늘 말씀을 제대로 끝까지 보게 되면 놀라운 반전이 마지막 구절에 있습니다.

11. 그들이 배들을 육지에 대고 모든 것을 버려 두고 예수를 따르니라

베드로와 함께 있던 어부들이 모두 예수님의 제자가 되는데, 그들은 배와 사로 잡힌 물고기, 모든 것을 버려 두고 예수님을 따르는 제자가 되게 됩니다.

그들은 세상 속에서 살아가던 어부들이었습니다. 그들은 물고기가 몇마리 더 잡히느냐에 따라 얼굴에 미소가 생겼던 사람들입니다. 인생의 목적이나 소망이 물고기에 달려 있었습니다.

그래서 물고기를 한 마리도 잡지 못한 그날 아침엔 정말 죽을맛이었을 것입니다. 가장 비참할때 예수님이 찾아오신 것입니다.

예수님은 그들이 가장 중요하다고 생각하는 물고기를 대박으로 잡히게 해주시고 그들에게 한 가지 깨닫도록 하셨습니다. 정말 중요한 게 무엇인지 말입니다.

어린아이들에게 소중했던 장난감과 딱지들은 아이가 어느 정도 크면 아무것도 아닌 게 되어 버립니다. 더 중요한 게 무엇인지 깨달았기 때문이죠.

이날 베드로와 다른 제자들도 예수님에게 바로 그것을 배우게 된 것이며 깨닫고 변화된 것입니다. 그래서 이전까지 세상의 최고 가치로 생각했던 그 모든 것을 다 버려두고 예수님을 따라가게 된 것입니다.

이제 영혼을 살리는 것이, 사람을 구하는 것이, 복음을 증거하는 것이, 주님께 쓰임 받는 것이 더 중요한 일이라는 것을 깨닫게 된 것입니다.

세상을 살아가면서 세상에 빠져서, 잘못된 가치를 붙들고 소중하다고 착각하며 살다가 짧은 인생 마감하는 것이 우리들 인생입니다.

오늘 말씀은 정말 소중한 것, 영적인 것, 주님께서 부르시는 거룩한 콜링을 깨닫게 해주시는 것입니다.

단순히 물고기를 많이 잡히게 해주셨으니 기도 많이 하고 똑같은 복을 받자고 이야기하는 그런 단순한 말씀이 아닙니다.

사도바울의 인생에도 예수님이 찾아오셔서 말에서 떨어지는 사건을 시작으로 변화가 있었던 것처럼, 베드로의 인생에서도 오늘 이 사건이 베드로의 인생 자체를 180도 변화시킨 아주 엄청난 일이었던 것입니다.

우리 인생에도 세상의 안목을 버리고 믿음의 눈을 뜨게 되는 기적과 같은 사건이 일어나기를 바랍니다.

주님은 정말 세밀한 분이셔서 각자에게 맞는 방법으로 찾아오시고 역사하시고 변화시키십니다. 우리를 이 땅에 보내신 이유, 잘 먹고 잘살라고 보내신 것만은 아닌 것 같은 석연찮음이 느껴지신다면 한번 기도해 보시면 좋겠습니다.

결국 베드로는 예수님의 수제자가 되어서 하나님의 계획대로 쓰임 받게 되었습니다. 3번 부인한 사건이 오명으로 남긴 했지만 도리어 더 겸손하게 되는 계기가 되었고 주님의 은혜를 제대로 경험하게 되었습니다.

그 후 초대교회의 지도자로서 병든 자를 고치고 수많은 사람들에게 복음을 증거하고 민족과 열방을 위해 쓰임 받은 후 순교하게 됩니다.

　말씀을 들었지만 아직도 그물 가득 잡힌 물고기와 배만 생각난다면 좀 더 기도하는걸로, 그러나 무언가 느껴짐이 있다면 앞으로 조금씩 달라질 것이라 생각합니다.

　우리 인생에도 오늘 찾아오셔서 깨닫게 하시고 변화시키시고 세상 가운데 빛으로 부르셔서 사용해 주신다면 얼마나 기쁠까요?

29

·
·
·

생수의 강이 흐르는 삶

요한복음 7:37-39

37. 명절 끝날 곧 큰 날에 예수께서 서서 외쳐 이르시되 누구든지 목마르 거든 내게로 와서 마시라
38. 나를 믿는 자는 성경에 이름과 같이 그 배에서 생수의 강이 흘러나오리 라 하시니
39. 이는 그를 믿는 자들이 받을 성령을 가리켜 말씀하신 것이라 (예수께서 아직 영광을 받지 않으셨으므로 성령이 아직 그들에게 계시 지 아니하시더라)

　예수님께서 명절이 끝나가는 시점에 길가에 서서 외치신 내용입니다. 왜 그러셨는지? 뜬금없이 누구에게 말씀하신건지? 상황을 알지 못하면 이해하기 힘든 말씀이기도 합니다.

37절에 나오는 명절은 초막절이며 우리나라로 생각해 보면 추석이나 추수감사절 정도로 생각하시면 됩니다. 7일 동안 가족단위로 텐트 생활을 하며 이스라엘 백성들이 출애굽해서 광야생활을 할 때를 기념하는 것입니다.

마지막 날 8일째가 되면 제사장과 함께 실로암 연못에서 물을 길어다가 성전 물두멍에 부으며 죄를 회개하고 광야 생활 때 굶주리고 목말랐던 그때를 기억하며 하나님의 도우심에 감사드리는 것입니다.

그런데 이게 예수님의 시대 정도에 와서는 그야말로 30만 명이 넘는 사람들이 예루살렘으로 와서 이 행사에 참여하게 되었고 그러다보니 참의미를 가지고 하기 보다는 형식적으로 외식적으로 하게 되었습니다.

예수님은 성전을 향해 가는 긴 행렬을 바라보며 답답한 마음에 외치셨을 것입니다. "누구든지 목마르거든 내게로 와서 마시라." 그들의 잘못된 열심, 형식에 치우친 그들의 모습에 만일 목말라서 그런 거라면 나한테 오라고 빈정대며 소리 지르시는 것입니다.

우리도 인생을 살다보면 목마름이 느껴질 때가 있습니다. 맛집을 아무리 돌아다녀도, 사람들과 아무리 수다를 떨어도, 결국 혼자 남을때 허탈함과 고독감이 몰려들게 됩니다.

비싼 명품을 손에 들고 있어도, 삐까뻔쩍한 외제차를 타고 있어도 만족감이 없습니다. 무언가 허전하고 무언가 공허함을 느끼고, 그것을 어느 누구도 채워 줄 수 없는…. 그런 목마름, 갈급함….

그건 영적인 부분의 결핍이며 세상 적으로 채울 수 없고 오직 주님만이 보듬어 줄 수 있는 부분입니다. 광야에서 이스라엘 백성들은 육적인 목마름을 이야기 했지만 사실 영적인 목마름은 주님께서 동행하셨기에 문제로 느껴지지 않고 있었습니다.

예수님을 믿는다면서 오늘날 우리들도 여전히 채워지지 않는 목마름과 갈급함을 느끼며 살아가고 있다면 무언가 고민해 봐야 하지 않을까요?

38. 나를 믿는 자는 성경에 이름과 같이 그 배에서 생수의 강이 흘러나오리라 하시니

예수님을 믿는 사람은 성경 말씀처럼 그 속에서 생수의 강이 터져서 영원히 목마르지 아니할 것이라고 말씀하고 계십니다. 그리고 친절하게 그 뒤에 말씀에서 생수의 강이 무엇인가 설명해 주고 계시죠.

39. 이는 그를 믿는 자들이 받을 성령을 가리켜 말씀하신 것이라 (예수께서 아직 영광을 받지 않으셨으므로 성령이 아직 그들에게 계시지 아니하시더라)

그것은 다름 아닌 성령님이셨습니다. 예수님이 아직 영광을 받지 않았다는 것은 십자가를 감당하시기 전이라는 말이구요.

결론적으로 말하자면 오늘날 우리들이 예수님을 믿게 되면 성령님이

우리 속에 찾아오시게 됩니다. 이건 크리스천이라면 대부분 알고 있습니다. 그런데 문제는 그 성령님과 나는 어떤 관계 속에 동행하고 있는가 하는 것입니다.

목마름과 갈급함을 느끼며 살아가는 민감한 영혼인가? 아니면 이미 무뎌져서 목마름과 갈급함은 잊은 지 오래인가? 성령님과 이야기를 나눈 지 너무 오래 되서 어떻게 다시 시작해야 할지 모르는 서먹서먹한 관계인지? 늘 죄 속에 살아가면서 성령님과는 담 쌓고 지낸지 너무 오래 지나 버린 건 아닌지? 예수님의 말씀만 놓고 보자면 틀린 말씀 하나 없을 것입니다.

38. 나를 믿는 자는 성경에 이름과 같이 그 배에서 생수의 강이 흘러나오리라 하시니

이 땅에서의 우리 인생은 성령님과 함께 걸어가는 길입니다. 성령님과 이야기를 나누어 가면서 천천히 내 인생이 조율되어 가는 걸 느끼게 되는 것입니다.

세상에 눈이 멀어 욕심을 쫓아 살던 우리가 갑자기 성인군자가 될 수 없는게 사실일 것입니다. 예수님은 그런 우리를 위해서 성령님을 보내주셨고 우리가 천천히 변하여 주님 닮을때까지 기다려 주시고 계십니다.

내 속에서 생수의 강이 터져서 감사와 기쁨과 은혜가 흘러내린다면,

그런 삶이 계속된다면 얼마나 감동일까요?

걸어가는 곳마다 성령님과 동행하며 다른 이를 위해 기도하며 아파하며 하나님 나라를 위해 중보하는 그런 우리가 되지 않겠습니까?

이때 비로소 우리와 만나는 사람들, 우리가 속한 공동체, 가족들에게 예수님의 향기가 전달되고 은혜가 강같이 흘러가기 시작하겠지요.

내 안에 소망과 비전과 은혜와 감사가 샘의 원천인 것처럼 성령님을 통하여 흘러나오게 된다면 우릴 통해 하나님은 세상을 변화시켜 나가실 것입니다.

아직 늦지 않았습니다. 포기하기 이릅니다. 다시 무릎을 꿇고 회개하며 처음 성령님을 만났을 때로 회복해 주시기를 기도해야 합니다. 그리고 성령님과 조금씩 대화를 해나가야 되겠지요.

불완전한 우리에게 완전한 성령님이 찾아오셨습니다. 예수님의 십자가 사건으로 인하여 거저 받은 갚을 수 없는 은혜로 말입니다.

주님의 사랑은 우리를 용서해 주시고 안아 주시기에 충분한 사랑이십니다. 다시 시작하면 좋겠습니다. 성령님과 함께 말이죠.^^

30

·
·
·

두려워하지 말고 믿기만 하라

마가복음 5:21-43

21. 예수께서 배를 타시고 다시 맞은편으로 건너가시니 큰 무리가 그에게로 모이거늘 이에 바닷가에 계시더니

22. 회당장 중의 하나인 야이로라 하는 이가 와서 예수를 보고 발 아래 엎드리어

23. 간곡히 구하여 이르되 내 어린 딸이 죽게 되었사오니 오셔서 그 위에 손을 얹으사 그로 구원을 받아 살게 하소서 하거늘

24. 이에 그와 함께 가실새 큰 무리가 따라가며 에워싸 밀더라

25. 열두 해를 혈루증으로 앓아 온 한 여자가 있어

26. 많은 의사에게 많은 괴로움을 받았고 가진 것도 다 허비하였으되 아무 효험이 없고 도리어 더 중하여졌던 차에

27. 예수의 소문을 듣고 무리 가운데 끼어 뒤로 와서 그의 옷에 손을 대니

28. 이는 내가 그의 옷에만 손을 대어도 구원을 받으리라 생각함일러라

---

29. 이에 그의 혈루 근원이 곧 마르매 병이 나은 줄을 몸에 깨달으니라

30. 예수께서 그 능력이 자기에게서 나간 줄을 곧 스스로 아시고 무리 가운데서 돌이켜 말씀하시되 누가 내 옷에 손을 대었느냐 하시니

31. 제자들이 여짜오되 무리가 에워싸 미는 것을 보시며 누가 내게 손을 대었 느냐 물으시나이까 하되

32. 예수께서 이 일 행한 여자를 보려고 둘러 보시니

33. 여자가 자기에게 이루어진 일을 알고 두려워하여 떨며 와서 그 앞에 엎드려 모든 사실을 여쭈니

34. 예수께서 이르시되 딸아 네 믿음이 너를 구원하였으니 평안히 가라 네 병에서 놓여 건강할지어다

35. 아직 예수께서 말씀하실 때에 회당장의 집에서 사람들이 와서 회당장에게 이르되 당신의 딸이 죽었나이다 어찌하여 선생을 더 괴롭게 하나이까

36. 예수께서 그 하는 말을 곁에서 들으시고 회당장에게 이르시되 두려워하지 말고 믿기만 하라 하시고

37. 베드로와 야고보와 야고보의 형제 요한 외에 아무도 따라옴을 허락하지 아니하시고

38. 회당장의 집에 함께 가사 떠드는 것과 사람들이 울며 심히 통곡함을 보시고

39. 들어가서 그들에게 이르시되 너희가 어찌하여 떠들며 우느냐 이 아이가 죽은 것이 아니라 잔다 하시니

40. 그들이 비웃더라 예수께서 그들을 다 내보내신 후에 아이의 부모와 또 자기와 함께 한 자들을 데리시고 아이 있는 곳에 들어가사

41. 그 아이의 손을 잡고 이르시되 달리다굼 하시니 번역하면 곧 내가 네게

말하노니 소녀야 일어나라 하심이라

42. 소녀가 곧 일어나서 걸으니 나이가 열두 살이라 사람들이 곧 크게 놀라고 놀라거늘

43. 예수께서 이 일을 아무도 알지 못하게 하라고 그들을 많이 경계하시고 이에 소녀에게 먹을 것을 주라 하시니라

말씀이 좀 긴 편이고 기적사건도 2가지나 나와 있는 본문이지만 그래도 함께 봐야 할 것은 2개의 스토리가 서로 연결되어 있기 때문입니다.

이 말씀 전에는 군대 귀신 들린 자에게서 귀신을 내쫓아주시고 돼지 떼에 들어가 몰살해버리는 장면이 나옵니다. 그로인해 소문이 나게 되고 그래서 21절 시작 말씀부터 도착하는 해변으로 사람들이 모여 있습니다.

마을마다 회당이 있어서 예배처소로 사용되었는데 회당장이라고 하니 오늘날로 우리식으로 말하자면 목사님이라고 봐야할 것 같습니다. 당시 예수님은 종교지도자들을 비판하는 분이셨기에 그들과 사이가 좋지 않았습니다.

따라서 회당장이 예수님 앞에 나와서 엎드려 무언가를 구한다는 것은 …. 조금 애매한 일이겠지요. 자신의 신분이나 체면, 소문등을 고려한다면 그렇게 하기가 쉽지 않았을 것입니다.

하지만 회당장 야이로에게 지금 당장 제일 중요한 것은 바로 딸아이가 병에서 낫는 것이었습니다. 그랬기에 거추장스러운 세상의 권세나 체면을 다 내려놓을 수 있었습니다.

그리고 그렇게 짠한 모습으로 엎드려 구하고 있는 야이로를 물끄러미 바라보시던 예수님은 순순히 고쳐주시기로 하십니다. 그것도 야이로가 믿는 방법대로 말입니다.

수많은 사람들이 이들을 에워싸고 예수님의 기적사건을 눈앞에서 보려고 쫓아갑니다. 눈앞에서 볼 수 있는 기회는 모두에게 돌아간 건 아니었지요.

그런데 그렇게 길을 가던중에 12년 동안 혈루증으로 고생한 한 여인이 등장합니다. 그리고 조용히 얼굴을 가리고 사람들 사이로 들어가 예수님의 뒤에서 옷자락을 만집니다.

그 여인은 12년 동안 병을 고치기 위해서 많은 의사를 찾아가고 재산을 다 썼지만 병을 고치지 못하고 더 심해진 여인이었습니다. 혈루증은 율법으로 부정한 병이었기에 사람들과 왕래를 하기도 어렵고 또 다른 사람과 접촉해서도 안되는 병이었습니다.

그러니 이 여인은 12년 동안 단절된 삶을 살았을 것입니다. 회당에 가서 예배를 드리지도 못하고 직장을 갖지도 못하고 친구나 가족들과의 관계도 모두 단절되었겠죠.

그런데 그 여인이 예수님의 소문을 들은 모양입니다. 그리고 용기를 내어 군중들 속에 숨어 들어가 예수님의 옷깃을 만지게 됩니다. 자신이 믿었던 것처럼 옷깃을 만짐과 동시에 나음을 입게 됩니다.

그리고 그 순간 예수님이 누가 내 옷을 만졌는지 묻게 되고 제자들은 전후사정을 모르니 수많은 인파가 있어서 당연히 옷에 닿게 될 거라고 말하고 있을 때 예수님이 뒤를 돌아보십니다.

그리고 이 여인과 눈이 마주치게 되고 여인이 자신을 너무나 정확히 바라보시는 예수님의 눈빛을 보고 자신의 사연을 이야기 하게 됩니다. 그리고 지금 나음을 입었다고 고백하고 예수님은 그런 그녀를 평안히 놓아주게 됩니다.

그리고 이 사건은 회당장 야이로의 마음에 믿음의 불을 지피게 됩니다. 회당장이라는 신분은 이 마을 사람들을 거의 다 아는 직업입니다. 그러니 그 여인도 모를 리 없었습니다. 누구보다도 더 잘 알고 있었고 불쌍하다고 생각해 왔으며 기도하고 있었을 것입니다.

그런데 지금 그 여인이 병을 고침 받았다고 간증하는 것을 눈앞에서 보고 듣고 있는 것입니다. 그리고 야이로의 마음속에 이제 예수님과 함께 집에 가기만 하면 내 딸아이가 고침 받게 되는 것은 시간 문제겠구나 하는 기쁜 생각이 가득하게 되었습니다.

믿음이 최고조에 이르렀을 때 또한 큰 시험이 시작되는 법입니다.

바로 이어서 회당장 야이로의 집에서 종이 찾아와 이렇게 말합니다. 35절에 아직 예수께서 말씀하실 때에 회당장의 집에서 사람들이 와서 회당장에게 이르되 당신의 딸이 죽었나이다 어찌하여 선생을 더 괴롭게 하나이까

그렇습니다. 딸이 그만 죽고 말았습니다. 조금만 빨리 갔더라면⋯. 혈루증 걸린 그 여인의 기적 사건을 듣지 않고 그냥 빨리 갔다면⋯. 내 딸이 죽기 전에 도착하여 기적이 일어날 기회가 있었을텐데⋯.

순간 야이로의 머리 속이 온통 하얗게 되었을 것입니다. 믿음이 생겼다고 본인도 느꼈었는데 지금은 지옥을 걷는 듯한 느낌이 되어버렸습니다. 이제 어떻게 해야 하나요?

모든 것을 포기해야 하나요? 그냥 내려놔야 하나요? 아무 일도 없었다는 듯이 예수님을 돌려보내야 할까요?

바로 이 절대절명의 순간에 예수님이 야이로를 향해 말씀하십니다. 그리고 이 말씀은 오늘을 살아가고 있는 우리들에게도 동일하게 주시는 말씀이기도 합니다.

인생 앞에 닥친 골리앗 앞에서, 세상의 큰 풍랑 앞에서, 마지막인 것 같은 순간에⋯.

36. 예수께서 그 하는 말을 곁에서 들으시고 회당장에게 이르시되

두려워하지 말고 믿기만 하라 하시고

　예수님의 말씀은 강력하고 심플했습니다.

　"두려워하지 말고 믿기만 하라.!!"

　너무나 위로가 되는 말씀입니다. 어찌할 바를 모르고 서 있는 야이로에게 갈바를 알려주는 말씀이기도 했습니다. 정신 차리고 따라오라는 말씀이었습니다.

　우리도 인생을 살다보면 야이로처럼 이렇게 될 때가 있습니다. 순간 모든 것이 혼란스럽고 모든게 원점으로 돌아가는 듯한 기분, 더 이상 내가 할 수 있는 것이 없다고 생각되는 그 순간…. 너무나 큰 풍랑, 나를 완전히 삼킬 것만 같은 파도….

　전혀 예상하지 못한 물질의 문제, 믿었던 사람의 배신, 여러 사람들의 조롱과 비난의 목소리, 현실 속에서 발견한 나의 한계….

　놀라운 것은 골리앗 앞에서 다윗은 두려움을 이기고 물맷돌을 날리게 됩니다. 법궤를 메고 두려움을 벗어나 요단강에 발을 담그게 된 제사장들로 인하여 요단강이 갈라집니다. 침묵으로 순종하여 여리고성을 돌기만 했는데 두렵던 여리고성이 무너져 내립니다.

　예수님의 말씀이 정말 엄청난 말씀이라는 것이죠. 우리도 그 말씀에 순종할 수 있는 믿음이 있어야 합니다.

그리고 결국 예수님은 죽은 야이로의 딸을 살리는 기적을 행하게 되고 많은 사람들이 놀라게 됩니다. 다 끝났다고 생각했는데, 끝이라고 분명 느꼈는데…. 놀랍게도 다음이 있었다는 것입니다.

예수님을 만나면 끝이 아닙니다. 혈루증 여인도 회당장 야이로도 모두 예수님을 찾아갔습니다. 막판이라는 절벽 끝에서도 포기하지 않고 주님을 바라보는 그런 믿음의 소유자들이 되시기를 소망합니다. 하나님은 언제나 우리의 믿음을 기대하고 계십니다. 두려워하지 말고 믿어라. 라고 말이죠.

앞으로도 많은 일들이 일어날 겁니다. 하지만 그 속에서 하나님을 분명히 믿고 있다면 요동치 않고 평안한 날들로 지나가게 될 것입니다.

믿음의 눈으로 두려움을 넘어서서 주님의 위대하심을 찬양하는 우리가 되기를 바랍니다.

31

하나님의 비전에 동참하라

출애굽기 4:1-17

1. 모세가 대답하여 이르되 그러나 그들이 나를 믿지 아니하며 내 말을 듣지 아니하고 이르기를 여호와께서 네게 나타나지 아니하셨다 하리이다

2. 여호와께서 그에게 이르시되 네 손에 있는 것이 무엇이냐 그가 이르되 지팡이니이다

3. 여호와께서 이르시되 그것을 땅에 던지라 하시매 곧 땅에 던지니 그것이 뱀이 된지라 모세가 뱀 앞에서 피하매

4. 여호와께서 모세에게 이르시되 네 손을 내밀어 그 꼬리를 잡으라 그가 손을 내밀어 그것을 잡으니 그의 손에서 지팡이가 된지라

5. 이는 그들에게 그들의 조상의 하나님 곧 아브라함의 하나님, 이삭의 하나님, 야곱의 하나님 여호와가 네게 나타난 줄을 믿게 하려 함이라 하시고

6. 여호와께서 또 그에게 이르시되 네 손을 품에 넣으라 하시매 그가 손을 품에 넣었다가 내어보니 그의 손에 나병이 생겨 눈 같이 된지라

---

7. 이르시되 네 손을 다시 품에 넣으라 하시매 그가 다시 손을 품에 넣었다가 내어보니 그의 손이 본래의 살로 되돌아왔더라

8. 여호와께서 이르시되 만일 그들이 너를 믿지 아니하며 그 처음 표적의 표징을 받지 아니하여도 나중 표적의 표징은 믿으리라

9. 그들이 이 두 이적을 믿지 아니하며 네 말을 듣지 아니하거든 너는 나일 강 물을 조금 떠다가 땅에 부으라 네가 떠온 나일 강 물이 땅에서 피가 되리라

10. 모세가 여호와께 아뢰되 오 주여 나는 본래 말을 잘 하지 못하는 자니이다 주께서 주의 종에게 명령하신 후에도 역시 그러하니 나는 입이 뻣뻣하고 혀가 둔한 자니이다

11. 여호와께서 그에게 이르시되 누가 사람의 입을 지었느냐 누가 말 못 하는 자나 못 듣는 자나 눈 밝은 자나 맹인이 되게 하였느냐 나 여호와가 아니냐

12. 이제 가라 내가 네 입과 함께 있어서 할 말을 가르치리라

13. 모세가 이르되 오 주여 보낼 만한 자를 보내소서

14. 여호와께서 모세를 향하여 노하여 이르시되 레위 사람 네 형 아론이 있지 아니하냐 그가 말 잘 하는 것을 내가 아노라 그가 너를 만나러 나오나니 그가 너를 볼 때에 그의 마음에 기쁨이 있을 것이라

15. 너는 그에게 말하고 그의 입에 할 말을 주라 내가 네 입과 그의 입에 함께 있어서 너희들이 행할 일을 가르치리라

16. 그가 너를 대신하여 백성에게 말할 것이니 그는 네 입을 대신할 것이요 너는 그에게 하나님 같이 되리라

말씀이 조금 길긴 하지만 아무래도 연결된 부분이라 함께 보려고 합니다. 3장 초반에 떨기나무 사건으로 모세를 부르시고 만나게 되신 하나님께서 3장 후반에서는 앞으로 되어질 일들과 출애굽의 지도자로 모세를 부르신 것에 대해서 말씀하고 있습니다.

그리고 이어서 4장 초반에서 모세는 그들이 믿지 않을것이라고 말합니다. 하나님과의 만남이나 지도자로 세워진 일조차도 믿지 않으리라고 말입니다.

그래서 하나님께서는 모세에게 이적을 보여주십니다. 지팡이를 던지고 뱀으로 변한것을 다시 잡게 되는 이적 말입니다. 지팡이는 모세가 40세 이후 광야에서 목자의 삶을 살면서 80세까지 의지했던 것이었습니다.

어떤 의미에서는 보잘것없는 지팡이가 모세 자신을 의미하기도 하고 또 모세가 가장 의지하고 있었던 것이기도 했습니다. 하나님은 그것을 버리라고 말씀하십니다.

뱀으로 변한 지팡이는 이집트의 바로왕을 의미하는 것이었고 꼬리를 잡으라는 명령은 순종하기 쉽지 않은 말씀이었습니다. 뱀으로 변한 지팡이는 모세도 두려워 피할 정도로 위협적이었고 뱀은 원래 머리를 제압하는 것이지 꼬리를 잡으려고 하다간 물리게 되기 때문입니다.

그러나 모세는 하나님의 임재 앞에서 순종하게 되고 꼬리를 잡은 뱀은 순순히 지팡이로 다시 변하게 됩니다. 뱀을 잡는 것으로는 불가능한 방법이었지만 순종하게 되니 지팡이가 되었다는 것은 하나님의 방법을 믿고 따르면 이집트의 바로왕에게서도 이스라엘 백성들이 벗어나게 될것이라는 암묵적인 의미였을 것입니다.

손을 품에서 빼니 나병에 걸려서 하얗게 되어 있고 다시 품에 넣으니 원래 살로 돌아오게 됩니다. 원래 나병은 죄에 의한 저주의 의미가 있습니다. 불치병이 두려운 게 아니라 그런 병에 걸릴 정도로 죄를 저질러 저주 받았다는 게 두려운 겁니다.

이스라엘 백성들이 이집트에서 종살이를 하면서 느꼈을 저주 받았다는 감정을 의미하고 있습니다. '우리 민족은 하나님께 저주 받고 버림 받아서 이집트에서 이런 고생을 하고 있는거야.'라는 그런 패배적인 생각을 기적을 통하여 깨끗이 날려 버리시는 것입니다.

저주받은 나병임에도 하나님께서 다시 새살이 나게 하시고 회복시켜 주시고 고쳐주시겠다는 것이 하나님의 뜻이었습니다. 이스라엘 백성들이 오해하고 있는 부분까지도 하나님은 대답해 주시고 해결책을 제시해 주시는 분이십니다.

나일강 물을 떠다가 육지에 부으면 피가 될 것이라는 것은 당시에 이집트에서는 수많은 우상들이 있었고 그중에 하나가 나일강이었습니다. 나일강 삼각주에서 풍요와 번영을 가져다준 축복의 신, 그 신을 하나님께서 죽이시겠다는 의미이며 우상신들보다 위대하신 하나님을 드러내고자 하심을 나타냅니다.

이집트에 10가지 재앙도 마지막에 태양신의 아들인 바로왕의 첫아들이 죽게 되는 것도 우상으로 섬기던 신들을 하나하나 심판해 나가시는 그래서 결국 하나님이 가장 높은 분이심을 깨우치기 위한 뜻이 담겨 있습니다.

그런데 문제는 이런 엄청나신 하나님의 위엄 앞에서 모세의 모습입니다. 계속하여 모세는 어렵다고 말합니다. 그리고 자기 대신 다른 사람을 보내달라고 말합니다. 겸손 때문이 아니고 무식해서 그런 것도 아닙니다.

모세는 누구보다 잘 알고 있었습니다. 바로왕가에서 왕자로 자라났고 40세까지 살아봤기 때문에 바로왕의 권력과 이집트의 상황을 너무 잘 알고 있었습니다.

게다가 40세에 자기 민족을 구하려고 저지른 살인, 그러나 동족의 배신, 그리고 끝없는 도망자의 삶과 은둔자의 삶은 모세를 지긋지긋하게 하였을 것입니다.

그 트라우마가 하나님의 압도적인 위엄 앞에서도 모세를 움추리게 만들고 책임자로서의 위치에 서지 못하도록 막아서고 있는 것이었습니다.

모세는 말을 잘 못한다고 변명하고 그것은 자라난 곳이 다르기 때문에 이집트어는 잘했지만 자신의 민족언어에는 약했음을 말하는 것이었고 그에 따른 해결책은 형 아론을 붙여주는 것이었습니다.

결국 모세의 숱한 핑계에도 하나님은 일일이 친절하게 해결책과 대안을 제시해 주시고 결과적으로 모세를 꼭 쓰겠다라고 말씀하시는 대목이 바로 오늘 읽은 말씀입니다.

모세가 똑똑해서가 아니라 도리어 하나님의 열심이 이런 모세를 세워서 이스라엘을 이집트에서 탈출시키는 엄청난 상황을 만들어 냈다는 것입니다.

저는 오늘 말씀에서 모세의 상황이 오늘날 우리들의 상황과 너무나 비슷함을 느끼게 됩니다.

우리도 인생의 어느 순간에 하나님을 만나게 되었고 그 후 하나님께서 우리를 연단하시고 준비시키셔서 세상 가운데 우리를 보내어 하나님의 백성들을 세상으로부터 하나님의 나라로 탈출시키는데 사용하시려고 하고 계십니다.

그런 와중에 우리들도 모세처럼 여러가지 핑계를 대고 있습니다. 믿음이 부족하다고, 사랑이 없다고, 그들을 보면 화가 난다고, 우리

형편이 형편 없다고…. 말도 제대로 할 줄 모르고 용기도 없으며 기독교는 좋은 평판을 갖고 있지 않고 무엇보다 내 모습이 식구들과 친구들에게 좋게 보여지지 않고 있다고….

하나님은 우리에게 모세에게 보여주신 것처럼 수많은 간증거리를 주셨습니다. 우리가 잊어버려서 그렇지 가만히 앉아 기억나는 것만 기록해 봐도 많은 은혜를 주셨고 행하셨습니다.

우리가 핑계만 대고 있는 가운데도 하나님은 역사하고 계시고 우리를 설득하고 계십니다. 예배 드릴 때마다 말씀을 들을 때마다 찬양을 부를 때도 우리 속에 떠오르게 하십니다. 받은 은혜를 말입니다.

결국 모세는 어쩔수 없이 하나님의 열심과 설득에 순종하게 됩니다. 저는 개인적으로 12절 말씀이 인상깊게 들립니다.

12. 이제 가라 내가 네 입과 함께 있어서 할 말을 가르치리라

이 말씀을 보면 우리는 너무 걱정도 많고 생각도 많은거 같습니다. 모세처럼 말이죠. 하지만 하나님의 말씀은 너무나 심플합니다. 그리고 얼마든지 그러실만한 능력이 충분하신 분이십니다.

사실 하나님은 청사진을 놓고 모세를 부르신것입니다. 이미 계획을 다 세워놓으시고 어려워하는 모세를 그 자리에 스카웃하여 세우신것입니다. 솔직히 하나님께서 다 하실거지만 그 자리에 눈에 보이는 주인공 한

사람을 세워 놓으신것 뿐입니다.

오늘날 우리에게 하나님께서 말씀하십니다. "하나님의 비전에 동참할 바로 네가 필요하단다." 라고 말입니다. 하나님을 향한 무한한 신뢰, 그것이 바로 믿음이겠죠.

32

.
.
.

하나님께 기도로 조율하라

와는 너희를 살피시고 판단하시기를 원하노라

22. 모세가 여호와께 돌아와서 아뢰되 주여 어찌하여 이 백성이 학대를 당하게 하셨나이까 어찌하여 나를 보내셨나이까

23. 내가 바로에게 들어가서 주의 이름으로 말한 후로부터 그가 이 백성을 더 학대하며 주께서도 주의 백성을 구원하지 아니하시나이다

모세와 아론이 바로왕 앞에 서서 하나님의 말씀을 전하고 이스라엘 백성이 광야에 가서 하나님을 예배할 수 있도록 해달라고 말합니다. 하지만 바로왕은 그 말을 무시하고 도리어 이스라엘 백성들에게 지푸라기를 주지 말라고 지시하여 백성들이 더 힘들게 만듭니다.

그래서 15절에 이스라엘 백성들중 기록원들이 바로왕에게 호소하여 왕을 만나서 왜 그렇게 하셨는지 물어보게 됩니다.

바로왕은 모세와 아론이 했던 말을 알려주며 그래서 그렇게 했음을 알려주었습니다. 결국 바로왕의 화가 이스라엘 백성에게 미친것을 알고 그들이 나올때 길가에 모세와 아론이 서 있는 것을 보게 되고 그들에게 하소연과 책망을 하게 됩니다.

먼저 바로왕에게 있어서 노예들이 믿는다는 하나님은 자신들의 신들보다 한단계 낮은 신으로 느껴졌을 것입니다. 아무래도 노예들의 신들이 지배하는 이집트인들의 신들보다 약하니까 노예로 있는거라

생각했을 것입니다.

모세와 아론의 당당한 그 말에 바로왕은 그들을 본보기로 혼내야 함을 알았을 것입니다. 다시는 나서지 못하게 하기 위해 이스라엘 백성들을 더 힘들게 하는 쪽을 택한 것입니다.

모세의 입장에서 보면 분명 4장에서 자신은 적임자가 아니며 부족하기 때문에 이집트에 가지 않겠다고 여러번 말했던 적이 있었습니다. 하지만 하나님의 강권하심으로 여기까지 온것이고 시키신대로 순종하여 바로왕에게 전했지만 상황은 도리어 어렵게 되어버렸습니다.

하나님의 기적이 일어날줄 알았는데, 하나님이 개입하실 줄 알았는데 아무런 소식도 없고 도리어 살얼음판이 되어 버렸습니다.

게다가 이런 상황은 모세에게 있어서는 데자뷰와 같은 상황입니다. 40세에 이집트인을 죽이고 이스라엘 사람들을 위해서 무엇인가 해보려고 했지만 결국 이스라엘 사람들에게 배신을 당하고 살인자로 도망자로 그 후 40년간을 이름도 제대로 밝히지 못하고 광야에 은둔하여 살아야 했습니다.

그런데 이제 이스라엘 백성들을 위해서 하나님의 말씀대로 전했는데 도리어 상황은 예전처럼 이스라엘 백성들이 모세와 아론에게 왜 그렇게 말해서 이런 상황을 만들었느냐고 따지는 상황이 된 것입니다.

모세에게는 엄청난 트라우마가 아닐 수가 없습니다. 다신 겪고 싶지 않았던, 그 난감한 상황을 또 한번 더 만나게 된 것입니다.

하나님은 왜 그러신 걸까요?

오늘날 우리들도 하나님을 믿게 되고 믿음으로 결단하고 살겠다고 했을 때 분명 하나님께서 일을 순탄케 해주시고 인생길을 열어주실 거라 생각이 들지만 현실에서는 더 꼬이고 힘들어지고 어려워지는 것을 느낄 때가 있습니다.

믿음으로 결단했는데 신앙으로 살겠다고 발버둥치는데 가족도 친구도 세상도 어느 곳 하나 도움은 커녕 막아서고 성질을 돋구며 힘들게 만드는 상황을 경험하게 됩니다.

하나님은 왜 그러시는 걸까요?

사실 모세는 완벽한 사람이 아니었습니다. 믿음도 별로 없던 사람이었고 하나님에게 억지로 끌려온 사람이었습니다.

하나님은 모세를 만들어 가시는 분이십니다. 처음에는 이랬던 모세가 나중에는 이스라엘 백성을 이집트에서 가나안까지 광야를 인도하게 되는 민족의 지도자로 만드십니다.

흠이 많고 고집도 세고 포기하고 도망가기 바빴던 모세라는 인물을 하나님께서 하나둘씩 손을 데시고 고쳐가며 연단해 가시는 과정이라는 말입니다.

만일 일이 잘 풀리고 기적적으로 쉽게 열려지게 된다면 모세나 우리의 교만은 하늘을 찌르고 믿음과 신앙으로 하나님의 도우심으로 되었다고 생각하기보다 도리어 나 때문에 되었다는 생각에 똘똘 뭉치기 쉽습니다.

하지만 하나님은 일이 호락호락하지 않음을 알려주시고 내 힘으로 할 수 없음을 깨닫게 하시고 결국 하나님의 도움으로 은혜로 가능하다는 것을 보게 하시며 우리의 믿음과 신앙이 점점 자라도록 하신다는 것입니다.

그리고 우리에게 걸림돌인 트라우마 같은 상황을 다시 한번 경험하게 하셔서 그것을 뛰어 넘을수 있도록 기회를 주시더라는 말입니다.

오늘 가장 놀라운 것은 바로 모세의 달라진 모습입니다.

40세 때만 하더라도 이런 상황에서 모세의 해답은 도망가는 거였습니다. 다 포기하고 말이죠. 하지만 오늘 22-23절에 보면 예전보다 더 크게 벌어진 이 상황에서 하나님께 기도하는 모세를 발견하게 됩니다.

아주 놀라운 변화라고 할 수 있습니다. 막힌 상황을 말하고 자기는 한없이 부족함을 아뢰고 하나님께서 어떻게 해주셔야 하는 게 아닌지 기도했다는 것이죠.

하나님과 상황을 놓고 기도로 조율해 나가는 모세, 그리고 하나님의 응답, 이 모습은 앞으로 계속해서 모세가 해나가야 할 모습입니다.

우리는 인생을 살아가면서 믿음으로 살려고 하면 할수록 더욱 거세게 몰아치는 세상의 파도 앞에 하나님께 기도하는 자들이 되어야 할 것입니다.

어려운 상황 속에서, 힘든 상황 속에서 하나님의 사람들은 더욱 빛이 나는 것입니다. 그래서 더욱 연단되는 것이고 하나님의 사역을 감당해 내게 되는 것입니다.

우리도 삶에 쓰러지지 말고 포기하거나 도망가지 말고 담대히 맞서서 하나님께 기도로 응답 받는 리더들이 되기를 바랍니다.

세상의 풍랑을 무서워하지 말고 도리어 우리를 연단시키는 도구로 보기를 바랍니다. 하나님이 분명 행하십니다. 믿음으로 나아가기를 바랍니다.

믿음으로 하나님을 바라보셔야 합니다. 하나님께서 행하실 것입니다.

33

내 안에 주님과 동행하라

요한복음 14:8-21

8. 빌립이 이르되 주여 아버지를 우리에게 보여 주옵소서 그리하면 족하겠나이다

9. 예수께서 이르시되 빌립아 내가 이렇게 오래 너희와 함께 있으되 네가 나를 알지 못하느냐 나를 본 자는 아버지를 보았거늘 어찌하여 아버지를 보이라 하느냐

10. 내가 아버지 안에 거하고 아버지는 내 안에 계신 것을 네가 믿지 아니하느냐 내가 너희에게 이르는 말은 스스로 하는 것이 아니라 아버지께서 내 안에 계셔서 그의 일을 하시는 것이라

11. 내가 아버지 안에 거하고 아버지께서 내 안에 계심을 믿으라 그렇지 못하겠거든 행하는 그 일로 말미암아 나를 믿으라

12. 내가 진실로 진실로 너희에게 이르노니 나를 믿는 자는 내가 하는 일을 그도 할 것이요 또한 그보다 큰 일도 하리니 이는 내가 아버지께로 감이

라

13. 너희가 내 이름으로 무엇을 구하든지 내가 행하리니 이는 아버지로 하여금 아들로 말미암아 영광을 받으시게 하려 함이라

14. 내 이름으로 무엇이든지 내게 구하면 내가 행하리라

15. 너희가 나를 사랑하면 나의 계명을 지키리라

16. 내가 아버지께 구하겠으니 그가 또 다른 보혜사를 너희에게 주사 영원토록 너희와 함께 있게 하리니

17. 그는 진리의 영이라 세상은 능히 그를 받지 못하나니 이는 그를 보지도 못하고 알지도 못함이라 그러나 너희는 그를 아나니 그는 너희와 함께 거하심이요 또 너희 속에 계시겠음이라

18. 내가 너희를 고아와 같이 버려두지 아니하고 너희에게로 오리라

19. 조금 있으면 세상은 다시 나를 보지 못할 것이로되 너희는 나를 보리니 이는 내가 살아 있고 너희도 살아 있겠음이라

20. 그 날에는 내가 아버지 안에, 너희가 내 안에, 내가 너희 안에 있는 것을 너희가 알리라

21. 나의 계명을 지키는 자라야 나를 사랑하는 자니 나를 사랑하는 자는 내 아버지께 사랑을 받을 것이요 나도 그를 사랑하여 그에게 나를 나타내리라

오늘 말씀을 보면 빌립이 예수님에게 하나님 아버지를 보여주시면 좋겠다고 말하는 것으로 시작합니다.

빌립뿐만 아니라 도마나 가룻 유다 같은 제자들도 비슷한 마음이었을 것입니다. 예수님과 동거동락 해왔던 제자들이 이런 요청을 하는 것으로 보면 그들 또한 완벽한 믿음 있는 자들은 아니었다고 보입니다.

예수님이 로마병정들에게 잡혀가실 때만 보아도 제자들이 서로 도망가기 바빴으니까 이때까지는 미완성인 제자들의 모습이 보입니다.

그랬던 그들이 나중에 오순절 다락방에서 성령을 받은 후 순교하기까지 복음을 전파하고 기적을 행하는 놀라운 믿음의 용사들로 변화되게 됩니다.

오늘 빌립의 말을 우리들의 말로 변환해 본다면 하나님을 봐야만 믿겠다하는 우리들의 모습과 비슷하다고 볼 수 있겠습니다.

하나님이 내 눈앞에 나타나셔서 나에게 말씀해 주신다면 전혀 의심하지 않고 큰 믿음으로 하나님을 잘 믿을 수 있는데 그렇게 쉬운 방법을 놔두고 왜 나타나시지 않으시는 걸까요?

이렇게 의심이 가득하고 믿음이 연약한 빌립과 같은 우리들에게 예수님이 말씀하십니다.

9. 예수께서 이르시되 빌립아 내가 이렇게 오래 너희와 함께 있으되 네가 나를 알지 못하느냐 나를 본 자는 아버지를 보았거늘 어찌하여 아버지를 보이라 하느냐

그렇습니다. 빌립은 예수님과 3년 가까이 동행하였고, 우리는 신앙생활한 연수 만큼 예수님과 함께 지냈습니다. 예수님을 본자는 하나님을 본것이라고 말씀하십니다.

10. 내가 아버지 안에 거하고 아버지는 내 안에 계신 것을 네가 믿지 아니하느냐 내가 너희에게 이르는 말은 스스로 하는 것이 아니라 아버지께서 내 안에 계셔서 그의 일을 하시는 것이라

예수님 안에 하나님께서 계셔서 갈바를 알려주시고 할말을 하게 하시며 하나님의 일을 하게 하신 것이라고 말씀하십니다.

11. 내가 아버지 안에 거하고 아버지께서 내 안에 계심을 믿으라 그렇지 못하겠거든 행하는 그 일로 말미암아 나를 믿으라

만일 그것조차 믿지 못하겠거든 예수님이 행하신 일들을 보고 믿으라고 말씀하십니다.

예수님이 행하셨던 기적들을 보면 인간의 힘으로 할 수 없는 것들이었고 초자연적인 신의 영역이라고 밖에는 설명이 안되는 일들이 많았습니다. 그러니 그것만 보아도 하나님께서 예수님을 통해 역사한다는 것을 알 수 있지 않겠느냐라고 말씀하시는 것입니다.

우리 인생에도 예수님을 믿기 시작하면서 부터 여러 가지 기적과 은혜가 가득했다는 것을 스스로 알고 있을 것입니다. 그러니 그 일들만

보아도 하나님이 계시다는 것과 우리와 함께 하신다는 것을 알 수 있는 게 아닐까요?

그 다음 구절에서 믿음이 있다면 예수님보다 더 큰 일들도 행하게 될 것이며 믿음을 가지고 예수님의 이름으로 구한다면 주님께서 그것을 이루어 주시리라는 말씀도 이어집니다.

그리고 성령을 보내줄 것을 말씀하시며 세상에 고아와 같이 버려두지 아니하고 너희들의 인생을 책임질 것이며 진리의 영으로 함께 하시겠다고 말씀하십니다.

우리는 빌립처럼 많은 부분에서 의심하고 흔들리고 요동치는 게 일상인 사람들입니다. 참 연약하고 참 미덥지 못한 게 사실입니다.

마치 풍랑 가운데 요동치던 배안에 있던 제자들처럼 어찌할 바를 모르고 힘겨워하고 있는 모습입니다.

분명 배 한쪽에는 예수님이 주무시고 계신데 깨울 생각도 못합니다. 마치 처음부터 이 배에는 나 혼자 있었던 것처럼 모든 인생의 무게를 혼자 감당해 나가야 할 것처럼 고아 같이 홀로 힘겨워하고 있습니다.

하지만 예수님은 분명 그 배에 같이 타고 계셨습니다. 그리고 요동치는 바다와 절망에 빠진 제자들의 모습을 보시며 바다를 잠잠케 하십니다. 예수님의 오늘 말씀은 너무나 심플합니다. 성령을 보내주시겠다는 것입니다. 하나님의 자녀들은 고아가 아니라 하나님께서 직접 돌보아 주시겠다고 하는 약속과 같은 말씀입니다.

우리 인생의 배에도 이미 오래전부터 성령께서 함께 타고 계셨습니다. 우리 인생의 전영역을 그분에게 상의하고 맡기기를 원하고 계십니다. 나혼자 살아가는 인생이 아니라 주님과 동행하는 인생길입니다. 그것을 깨닫게 되면서 부터가 진정 주님과 교제하며 동행하는 믿음의 삶이라고 할 수 있습니다.

18. 내가 너희를 고아와 같이 버려두지 아니하고 너희에게로 오리라

우린 더 이상 혼자가 아닙니다. 주님께서는 우리 마음속에 함께 계십니다. 그분을 의지하면서 살아가는 게 신앙이고 믿음입니다.

믿음이란게 감정 곡선을 따라 요동치는 그래프로 달려가고 있다면, 믿음이 날씨처럼 좋을 때와 안좋을 때가 있다면 여전히 우리는 나 혼자 인생을 감당하려고 하는 생각 안에 사로잡혀 있는 것입니다. 나와 함께 타고 계신 주님을 바라봐야 합니다.

20. 그 날에는 내가 아버지 안에, 너희가 내 안에, 내가 너희 안에 있는 것을 너희가 알리라

그날에는, 그때에는, 깨닫는 날에는, 믿음의 눈을 뜨게 되는 날에는, 주님이 우리 안에 있다는 것을 알게 된다는 말씀입니다.

주님이 우리 안에 계시다면 굳이 하나님을 보여달라는 말은 필요 없어 보입니다. 보여주기만 하는게 아니라 직접 함께 하고 계시니까요.

주님이 함께 하신다면 우리의 믿음은 흔들리거나 쓰러지거나 실패하지 않을 것입니다. 어떠한 환경과 상황 속에서도 주님과 동행하는 삶을 살면서 승리해 나갈 것이기 때문입니다.

주님께서 우리 안에 계시다는 것은 이미 다 이겨 놓은 전쟁이며 만랩의 도움으로 버스를 타는 것과 비슷한 이야기일 것입니다.

이젠 우리 안에 계신 그분과 어떻게 교제를 해나가고, 어떻게 동행하고, 내 삶의 어느 영역을 상의할 지에 대해서 고민해 봐야 합니다.

물론 주님은 내 삶의 전 영역 100%를 공유하기 원하시고 계십니다. 여전히 우리는 머뭇거리고 있겠지만 원래 시작은 수줍게 가는 것이 맞겠지요.

성령님과 동행하게 되면서 제자들은 기적을 행했고 담대히 복음을 증거 했으며 순교의 칼날 앞에서도 평안 할 수 있었습니다. 내 안에 그분이 계시다는 것만으로 요동치는 인생의 풍랑은 더이상 위협이 되지 않게 된 것입니다. 그분과 친밀한 교제를 이루어 나가시면 좋겠습니다.

그로인하여 우리가 하나님의 비전을 이루어 나가고 복음을 전파하며 죽은 영혼들을 살려내는 귀한 일꾼들이 되기를 소망합니다.

흔들리지 않는 반석 같은 믿음을 갖게 되시기 바랍니다. 주님과의 러브스토리를 하늘나라까지 이어가시기를 바랍니다. 엄청난 은혜의 스토리 말입니다.

34

·
·
·

우리가 구해야 할 기도

역대하 1:1-13

1. 다윗의 아들 솔로몬의 왕위가 견고하여 가며 그의 하나님 여호와께서
   그와 함께 하사 심히 창대하게 하시니라
2. 솔로몬이 온 이스라엘의 천부장들과 백부장들과 재판관들과 온 이스라
   엘의 방백들과 족장들에게 명령하여
3. 솔로몬이 온 회중과 함께 기브온 산당으로 갔으니 하나님의 회막 곧 여호
   와의 종 모세가 광야에서 지은 것이 거기에 있음이라
4. 다윗이 전에 예루살렘에서 하나님의 궤를 위하여 장막을 쳐 두었으므로
   그 궤는 다윗이 이미 기럇여아림에서부터 그것을 위하여 준비한 곳으로
   메어 올렸고
5. 옛적에 훌의 손자 우리의 아들 브살렐이 지은 놋제단은 여호와의 장막
   앞에 있더라 솔로몬이 회중과 더불어 나아가서
6. 여호와 앞 곧 회막 앞에 있는 놋 제단에 솔로몬이 이르러 그 위에 천 마리
   희생으로 번제를 드렸더라

7.그 날 밤에 하나님이 솔로몬에게 나타나 그에게 이르시되 내가 네게 무엇을 주랴 너는 구하라 하시니

8.솔로몬이 하나님께 말하되 주께서 전에 큰 은혜를 내 아버지 다윗에게 베푸시고 내가 그를 대신하여 왕이 되게 하셨사오니

9.여호와 하나님이여 원하건대 주는 내 아버지 다윗에게 허락하신 것을 이제 굳게 하옵소서 주께서 나를 땅의 티끌 같이 많은 백성의 왕으로 삼으셨사오니

10. 주는 이제 내게 지혜와 지식을 주사 이 백성 앞에서 출입하게 하옵소서 이렇게 많은 주의 백성을 누가 능히 재판하리이까 하니

11. 하나님이 솔로몬에게 이르시되 이런 마음이 네게 있어서 부나 재물이나 영광이나 원수의 생명 멸하기를 구하지 아니하며 장수도 구하지 아니하고 오직 내가 네게 다스리게 한 내 백성을 재판하기 위하여 지혜와 지식을 구하였으니

12. 그러므로 내가 네게 지혜와 지식을 주고 부와 재물과 영광도 주리니 네 전의 왕들도 이런 일이 없었거니와 네 후에도 이런 일이 없으리라 하시니라

13. 이에 솔로몬이 기브온 산당 회막 앞에서부터 예루살렘으로 돌아와서 이스라엘을 다스렸더라

다윗이 죽기 전에 솔로몬에게 왕위를 계승했습니다. 다른 왕자에 의해 쿠데타가 일어났고 그로인해 재빠르게 솔로몬에게 왕위가 넘겨진 것입니다.

솔로몬은 즉각적으로 쿠데타를 일으킨 왕자를 진압하고 장수와 책사들을 죽이거나 시골로 보내버립니다. 그후 왕자들도 정리하게 되죠.

그리고 어느정도 정치적으로 왕의 자리가 안정되었을때에 오늘 말씀처럼 기브온으로 향하게 됩니다.

그래서 1절에 견고하여졌다고 표현하는 것이며 2절에서 나라의 모든 리더들을 데리고 기브온 산당에 갈 수 있게 되는 것입니다.

성전을 아직 짓기 전이었기 때문에 기브온 산당으로 가서 하나님에게 제사를 드리는 것이며 당시에는 이것이 타당했다고 보입니다.

6. 여호와 앞 곧 회막 앞에 있는 놋 제단에 솔로몬이 이르러 그 위에 천 마리 희생으로 번제를 드렸더라

그리고 6절에서 솔로몬은 천마리(양 또는 염소)를 번제(태워 드림)로 제사드리게 됩니다.

일천번제에 대한 오해가 많은데 하루에 한마리씩 천일 동안 번제를 드린게 아니라 한번에 천마리를 번제로 드리게 된 것을 기억하시기 바랍니다.

그리고 나서 그날 밤에 하나님이 솔로몬의 꿈에 나타나십니다.

7.그 날 밤에 하나님이 솔로몬에게 나타나 그에게 이르시되 내가 네게 무엇을 주랴 너는 구하라 하시니

하나님은 꿈에 나타나셔서 만나시거나 미래의 일을 보여주신 적이 많이 있었습니다. 솔로몬에게도 나타나신거죠.

솔로몬이 대답하는데 내용이 조금 길지만 요약하자면 아버지 다윗에게 복 내려주셔서 감사합니다. 백성들을 다스리기 위한 지혜가 필요합니다. 정도로 요약을 할 수가 있습니다.

꿈속에서도 이렇게 일목요연하게 구할 정도라면 평상시에도 그런 생각을 갖고 있지 않다면 이러기 쉽지 않다는 것을 아실 겁니다.

중요한 것은 이 대답으로 인하여 하나님께서 감탄을 하신다는 것이고 그 후에 여러 가지 축복들을 함께 베풀어주신다는 것입니다.

11. 하나님이 솔로몬에게 이르시되 이런 마음이 네게 있어서 부나 재물이나 영광이나 원수의 생명 멸하기를 구하지 아니하며 장수도 구하지 아니하고 오직 내가 네게 다스리게 한 내 백성을 재판하기 위하여 지혜와 지식을 구하였으니

12. 그러므로 내가 네게 지혜와 지식을 주고 부와 재물과 영광도 주리니 네 전의 왕들도 이런 일이 없었거니와 네 후에도 이런 일이 없으리라 하시니라

이렇게 기가 막힌 축복들을 받게 되는 것이죠. 우리나라 동화중에

금도끼 이야기가 떠오르는 대목입니다. 진실하다는 것이며 욕심이 없다는 것이고 필요한 것이 무엇인지 알고 있다는 것입니다. 그렇다면 솔로몬은 어떻게 지혜를 달라고 구하게 되었을까요?

20세의 나이에 왕이 된 솔로몬은 아버지 다윗의 신앙을 곁에서 지켜보며 자라났을 것입니다. 물론 솔로몬도 나중에 문제가 생기긴 하지만 적어도 초반에는 영리한 것 같습니다.

솔로몬은 자기에게 필요한 것이 무엇인지를 정확히 인지하고 있었다고 보여집니다. 그리고 그것을 믿음으로 구하게 된 것이지요.

여러분은 하나님에게 무엇을 구하고 싶으신가요? 오늘 말씀처럼 하나님께서 오늘 밤 꿈에 우리들에게 나타나셔서 똑같은 질문을 하신다면 우린 뭐라고 대답하게 될까요?

세상적인 것들을 구하게 될까요? 재물과 권력과 명예와 축복들을 구하는 게 당연하지 않을런지요. 물론 솔로몬은 왕이니까 그런 걸 안구했을지도 모른다고 생각한다면 큰 오산입니다. 왜냐하면 가진 자일수록 더 가지고 싶은 마음이 강한 것이 사실이니까요. 그런데도 불구하고 솔로몬은 자신에게 필요한 것을 정확히 인지하고 하나님에게 구했습니다. 어쩌면 하나님의 뜻에 딱 맞게 말이죠.

우리의 인생을 가만히 바라보면 헛된 것에 헛된 시간을 허비하며 사는 것으로 익숙해져 가고 있는 것처럼 보입니다.

과연 하나님이 주셨던 사명은 기억하고 있는 걸까요? 이 땅에 왜 태어나게 하셨는지는 알아내셨나요? 우리를 통해서 복음이 흘러가고 전달되어야 함을 입으로만 외치는 건 아닐까요?

죽어가는 영혼들을 살리고 민족과 열방을 구한다는 말은 그저 기도할 때만 되뇌는 주문처럼 되어버린걸까요?

내 중심으로 살아가며 내 비전과 내 밥벌이가 중요하다고 생각하는건 여전한 주인공 의식 때문인가요? 하나님께서는 이런 우리를 어떻게 생각하실까요?

자녀들이 아버지의 유산만을 바라보면서 아버지에게 효도를 하고 있다면 그건 막장 드라마일 것입니다. 진정한 사랑이나 효심은 온데 간데 없겠지요.

하나님과 동행하며 살아가고 있다면 믿음으로 살아가고 있다면 하나님께 구해야할게 있습니다. 눈을 들어 주위를 둘러보면 얼마나 많은 영혼들이 안타까워하며 눈물속에 지내고 있는지 보이실 것입니다.

하나님의 뜻에 맞게 기도해야 하고 구해야 하겠지요. 20세의 어린 왕이었던 솔로몬에게 하나님이 주신 백성들을 돌보고 살리기 위한 지혜가 가장 중요하게 필요했던것처럼 오늘을 살고 있는 크리스천인 우리들에게도 하나님의 마음이 필요하고 긍휼과 자비와 복음과 믿음이 필요할 것입니다. 담대한 믿음으로 때론 흐느끼는 눈물의 기도로 이

나라와 북한땅 까지 위해서 기도해야 할 것입니다.

하나님은 솔로몬에게서 진솔한 마음을 발견하셨습니다. 아버지의 유산 때문이 아닌 진정 아버지를 사랑해서 아버지가 맡겨주신 백성들까지 사랑하며 다스리기 위한 솔로몬의 마음 말입니다. 무엇을 구하는지를 보면 그 사람을 알 수 있습니다.

오늘 우리는 무엇을 구하고 있습니까? 축복, 천국, 소망, 물질, 출세, 성공, 자녀….

만일 하나님이 그것들을 허락하지 않으시고 안주신다면 어떻게 하시겠습니까?

유산을 받기 전에는 효심있는 척하다 막상 유산을 받고 나니 돌아서는 자들처럼 그렇게 하나님을 대하시겠습니까? 그건…. 진심이 아니며 사랑이 아닙니다. 진정한 사랑은 주실 것을 기대하는 것이 아닙니다. "하나님 한 분이면 만족합니다," 라고 고백하는 삶입니다.

그리고 우리가 구해야 할 것은 정해져 있습니다. 우리가 이 땅을 살아가면서 하나님의 일을 하기에 꼭 필요한 것 말이죠.

믿음, 소망, 사랑….

꿈속에서도 욕심을 부리지 않고 냉철하게 지혜를 구할 수 있었던 솔로몬에게 박수를 보내고 싶습니다. 우리는 과연 그럴수 있을까요?

　우린 하나님 앞에 집나갔다가 돌아온 둘째 탕자와 같은 존재들 같습니다. 갚을 수 없는 은혜를 받았으니 말입니다. 그런 우리들이 무엇을 더 구할 수 있을까요? 감사하기에도 부족한 시간입니다….

35

·
·
·

거짓을 버리고 진실함을 회복하라

사도행전 5:1-11

1. 아나니아라 하는 사람이 그의 아내 삽비라와 더불어 소유를 팔아

2. 그 값에서 얼마를 감추매 그 아내도 알더라 얼마만 가져다가 사도들의 발 앞에 두니

3. 베드로가 이르되 아나니아야 어찌하여 사탄이 네 마음에 가득하여 네가 성령을 속이고 땅 값 얼마를 감추었느냐

4. 땅이 그대로 있을 때에는 네 땅이 아니며 판 후에도 네 마음대로 할 수가 없더냐 어찌하여 이 일을 네 마음에 두었느냐 사람에게 거짓말한 것이 아니요 하나님께로다

5. 아나니아가 이 말을 듣고 엎드러져 혼이 떠나니 이 일을 듣는 사람이 다 크게 두려워하더라

6. 젊은 사람들이 일어나 시신을 싸서 메고 나가 장사하니라

7. 세 시간쯤 지나 그의 아내가 그 일어난 일을 알지 못하고 들어오니

---

8. 베드로가 이르되 그 땅 판 값이 이것뿐이냐 내게 말하라 하니 이르되 예 이것뿐이라 하더라

9. 베드로가 이르되 너희가 어찌 함께 꾀하여 주의 영을 시험하려 하느냐 보라 네 남편을 장사하고 오는 사람들의 발이 문 앞에 이르렀으니 또 너를 메어 내가리라 하니

10. 곧 그가 베드로의 발 앞에 엎드러져 혼이 떠나는지라 젊은 사람들이 들어와 죽은 것을 보고 메어다가 그의 남편 곁에 장사하니

11. 온 교회와 이 일을 듣는 사람들이 다 크게 두려워하니라

아나니아와 삽비라 이야기는 조금 두려운 이야기입니다. 그리고 이것을 헌금과 연결해서 설교하는 경우도 많습니다. 하지만 오늘 이 말씀은 다른 각도에서 보려고 합니다.

먼저 시대적인 상황을 감지해야겠습니다. 4장 후반에 보면 초대교회가 생성되고 많은 사람들이 모이기 시작하면서 부자들이 자진해서 자신의 재산을 사도들에게 주어 공동체 중에 가난한 자를 도와주라고 하는 장면들이 나옵니다.

아마도 성령을 받고 하나님을 제대로 믿기 시작하면서 그들의 마음속에 가난한자들과 함께 나누려는 선한 마음이 들었을 것이고 이것을 실행에 옮기는 선한 일들이 초대교회에 일어나기 시작했습니다.

그리고 그중에 바나바도 등장하는데 그도 땅을 팔아 그 값을 사도들에게 모두 헌신하여 가난한 자들을 돕도록 했습니다. 많은 사람들이 그들의 헌신에 감동했을 것이고 그 훈훈한 소식은 초대교회가 신선함을 유지하도록 따뜻하게 만들었을 것입니다.

그런데 아나니아와 삽비라도 이런 거룩한 행렬에 동참하기를 원했습니다. 그래서 다른 사람들에게 인정을 받고 싶었고 드러나기를 원했으며 존경받고 싶었을 것입니다.

문제는 그들이 아직 제대로 된 믿음이 아니었음에도 불구하고 믿음 있는 자들처럼 인정받기를 원하는 욕심이 있었다는 것입니다.

바나바처럼 자신들도 땅을 팔아 사도들에게 주기만 하면 많은 사람들에게 주목을 받게 될 것이라 생각했던 것입니다.

하지만 애당초 전 재산을 팔아 사도들에게 바치는 것은 믿음 없이 불가능했습니다.

그래서 그들이 땅을 팔고 난후 돈을 보게 되자 마음속에 의심과 욕심이 요동칠 수 밖에 없었죠. 우리의 노후를 위해서, 자녀들을 위해서, 기본 생활비 정도는…. 이렇게 생각하며 절반을 숨겨 놓고 반만 드리기로 했습니다.

하지만 그렇게 하면 바나바 정도는 될 수가 없으니 이 절반을 땅 판 값

중에 전부라고 말하자고 부부가 작당을 하게 되는 것입니다.

그리고 그것을 하필이면 성령이 충만한 베드로에게 들키게 되고 그 자리에서 남편도 죽고 3시간 뒤에 영문을 모르는 아내도 죽게 됩니다.

구약시대도 아니고 신약시대에 더구나 예수님이 십자가에서 돌아가시고 부활하셔서 성령을 받은지 얼마 안된 시점에 이렇게 무서운 형벌이라니요.

초대교회가 세워질 때 소위 오합지졸들이 모였습니다. 정말 믿음 있는 자들도 있었지만 그렇지 않은 자들도 함께 모이게 되었지요.

그러니 이런 초기에 하나님에 대한 믿음을 제대로 정립해 놓을 필요성이 있었습니다. 그러다보니 조금더 세게 벌을 받게 된 것입니다.

그렇다면 도무지 왜 죽을 정도였는가? 어떤 죄를 저질렀기 때문인가? 라는 질문이 남습니다.

그저 돈에 대한 욕심을 품은 것으로 인해 죽은 것은 아닌 것 같습니다. 그런 거라면 많은 사람들이 죽어야 할테니까요….

사실 아나니아와 삽비라는 믿음이 제대로 없는 사람들이었습니다. 결정적인 상황에서 하나님을 붙잡았는지 돈을 붙잡았는지를 보면 알 수가 있습니다.

바나바처럼 전 재산을 다 드려도 하나님께서 내 인생길을 인도해 주시겠지 라고 하는 배포 있는 믿음을 가지고 풍랑 앞에 딱 버티면 그림이 좋겠는데….

아나니아와 삽비라는 거기서 하나님이 보이지 않는 것입니다. 눈에 보이는 물질이 자신들의 삶을 더 보장해 줄 것처럼 보였고 믿었다는 것이죠.

이것은 하나님에 대한 크나큰 불신이며 소위 믿는척 하고 있었다는 것이고 거짓이라는 것이니 하나님 앞에서는 큰 죄악 인것입니다.

저도 이 말씀을 보면서 우리의 속사람과 겉사람이 동일한 믿음을 가지고 있어야 한다는 생각을 해보게 되었습니다. 속으로는 믿지 않고 겉으로는 믿는척하고, 사람들은 의식하고 하나님은 의식하지 않고….

속으로는 세상적인 생각과 물질에 대한 욕심으로 가득차서 하나님과는 거리가 먼 삶을 살고 있는데 겉으로는 믿음 있는 척, 잘 믿는 척 하고 있다면 그것은 위선이며 허세가 아닐까요?

하나님은 우리의 중심까지 다 알고 계신 분이신데, 그분에게 얼마나 더러운 모습, 역겨운 모습을 보여드리고 있는 것이겠습니까?

만일 아나니아와 삽비라가 부족한 믿음을 인식하고 재산의 절반만 내놓더라도 속이지 아니하고 사실대로 반이라고 말하며 헌신하고 자신들의 부족함을 회개했더라면 어땠을까요?

사실 그렇게 하는 것도 쉬운 일은 아니지 않습니까? 적어도 지금처럼 죽을 일은 아니었을 것입니다.

그렇지 않은 척, 거짓, 성령님과의 동행을 해본 적이 없음 등으로 나타난 결과라고 봐야겠지요.

오늘날 우리들도 하나님을 믿음으로 고백하는 안과 밖이 동일한 그리스도인들이 되기를 기도합니다.

그리고 혹시 부족하더라도 그 부족함을 주님 앞에 꺼내어서 보여 드리고 겸손한 믿음으로 주님과 동행한다면 얼마든지 주님은 우리를 용서하시고 점점 믿음이 성숙해지도록 도와주실 것입니다.

사람들과 하나님을 속이지 않는 크리스천들이 되기를 바랍니다. 그만큼 진솔한 믿음과 겸손함으로 나아가는 우리들이 되기를 바랍니다.

에필로그

작년 여름에 썼던 첫 번째 책은 신앙 간증과 카페교회의 기초가 되는 부분들에 대해 그리고 방향성을 기록했다. 놀라운 것은 그 책을 쓴 후에 머릿속에만 들어있던 교회의 비전들이 교인들과 함께 공유되면서 여러 가지 일들이 일어난 것이다. 책 내용대로 그 방향성을 따라 카페교회가 점점 건강하게 세워져 가게 되었다. 그뿐만 아니라 대외적으로 알려지게 되면서 여러 가지 기회들이 하나둘 찾아왔다. 교회는 또 다른 시기를 지나고 있는 것이다.

이번에 두 번째 책을 쓰면서도 비전을 꿈꾸며 가슴이 뛰었다. 정말 이렇게 될 것인가? 우리의 생각을 넘어 다시 역사하실 하나님을 기대할 수 밖에 없게 되었다. 비전을 향해 가는 길에서 공동체의 과거와 미래를 바라보면서 하나님께 감사드리게 된다. 우리교회가 수많은 작은 교회들의 멘토 역할을 할 수 있다면 좋겠다. 젊은이들을 향한 목회의 새로운 패러다임도 생겼으면 좋겠다.

수많은 작은 교회들이 세워지고 그들이 자립하여 긍정적인 효과를 발휘하고 수많은 젊은이들을 카페교회의 일원으로 삼고 세상을 향해 건강한 영향력을 행사하는 그런 날이 오기를 소망해 본다. 혼자 할 수 있는 것은 아주 미약하겠지만 함께 할 수 있는 것은 너무나 크다. 공동체로 네트워크로 연합하면 여러 가지 사역들을 감당해 낼 수 있다.

카페교회라는 새로운 개척 모델이 한국 교계에 신선한 바람처럼 불었으면 좋겠다. 수많은 젊은 목회자들에게 소망의 바람이 분다면, 여기저기에 카페교회들이 세워진다면, 세상에 지친 영혼들의 쉼터로 사용된다면, 의미 있고 소망이 있는 사역이 되지 않을까? 하나님의 부르심 가운데 신학을 배우며 목회를 준비했다면 답답한 환경과 상황에 쉽게 포기하기는 이르다. 얼마든지 공동체를 만들고 얼마든지 시작해 볼 수 있다. 가슴속에 불만 꺼지지 않는다면 무엇이든 도전해 볼만하다.

골리앗 앞에 불타는 가슴을 안고 섰던 다윗처럼 우리도 그렇게 세상을 향해서 복음을 가지고 담대히 일어서면 좋겠다. 하나님께서 작은 다윗을 붙들어 골리앗을 쓰러트리는데 사용하신 것처럼 우리들도 마찬가지로 불가능하다고 말하는 이 시대에 믿음대로 사용하시리라고 믿는다. 믿음으로 도전하는 다양한 다윗들이 필요하다. 자신의 달란트를 발견하고 최선을 다해 개발하며 그 달란트로 장사를 해서 이문을 남기는 충성된 종들이 되기를 바란다.

이 책이 다윗 같이 용감한 결단을 내릴 목회자들에게 도움이 되기를 기도해 본다.
"이제 주님께 맡깁니다. 갈대상자 같은 우리들의 공동체를 인도해 주세요! 주님께서 사용하실 날을 기대합니다."